Y Felan a Finnau

CW01401557

Y DELTA

TENNESSEE
W. Memphis • • Memphis
ARKANSAS
• Lake Cormorant
W. Helena • • Senatoba
Helena • Lula • Como
Clarksdale • Friar Pt.
Shelby • • Tutwiler
Rosedale • • Drew
Cleveland • • Avalon
Leland • Sunflower
• Greenwood
Moorhead
Greenville • Belzoni MISSISSIPPI
Rolling Fork
Yazoo City
Jackson
LOUISIANA • Vicksburg

HIGHWAY 61
Mississippi
Yazoo

0   40   80   120 km
0   20   40   60   80 m

MINNESOTA
MICHIGAN
WISCONSIN
MICHIGAN
Mississippi
IOWA
Detroit •
EFROG NEWYDD
Chicago •
ILLINOIS   INDIANA   OHIO
PENNSYLVANIA
Philadelphia •
Efrog Newydd
Baltimore •
MARYLAND
NEW JERSEY
DEL.
Kansas City •
St. Louis • • E. St. Louis
Cairo •
MISSOURI
HIGHWAY 61
GORLLEWIN VIRGINIA
Richmond •
VIRGINIA   Norfolk • • Newport News
KENTUCKY
Nashville •
TENNESSEE
Durham •
GOGLEDD • Raleigh
CAROLINA
Chattanooga •
OKLAHOMA
ARKANSAS
Memphis •
Greenwood • • Columbia
DE CAROLINA
Little Rock •
Helena •
Decatur •   Atlanta •   Augusta •
Pine Bluff •
Clarksdale •   Aberdeen •   Birmingham •   Charleston •
Red
Greenville •   Greenwood •
Texarkana •   Yazoo   Macon •
ALABAMA   Savannah •
Shreveport •   Yazoo City •   GEORGIA
Fort Worth • • Dallas   Vicksburg • Jackson •   Columbus •
Colorado   LOUISIANA   MISSISSIPPI   Montgomery •
Jacksonville •
TEXAS   Brazos   Mobile •
Huntsville •   Baton Rouge •
Austin •   Port Arthur •   Mississippi   New Orleans •
Houston •   FLORIDA
• San Antonio

0   100   200   300   400   500 km
0   100   200   300 m

Y Felan a Finnau

Golwg ar Hanes y Blues

JOHN BARNIE

GWASG PRIFYSGOL CYMRU
CAERDYDD · 1992

ISBN 0-7083-1198-9

Mae cofnod catalogio'r llyfr hwn ar gael gan y Llyfrgell Brydeinig

Cysodwyd ac argraffwyd yng Nghymru gan Wasg Dinefwr, Llandybïe
Cynllun y clawr gan Design Principle, Caerdydd

Rhagair

'Mae gen i ddiddordeb yn y *blues*, 'sti.'
'Be'? B. B. King, Muddy Waters, John Lee Hooker – rheina i gyd, ie?'
'Howlin' Wolf . . .'
'Hwnna hefyd, siŵr o fod.'
'Robert Nighthawk, Snooky Prior, Hound Dog Taylor, Johnny Shines, Big Boy Spires . . .'
'Y-y-ymm . . .'
'Roedden nhw i gyd wrthi tua'r un adeg â'r lleill 'na.'
'Taw sôn. Chlywais i am yr un ohonyn nhw o'r blaen.'

Bymtheng mlynedd ar hugain yn ôl pan ddechreuais wrando ar y *blues*, byddai yna enwau eraill ar gof a chadw – Bessie Smith, Big Bill Broonzy, Josh White, Leadbelly, a phe baech yn siarad â rhywun a oedd yn nabod ei *jazz*, efallai y byddai'n sôn am Blind Lemon Jefferson. Ond pe baech yn crybwyll enwau eraill – Tommy Johnson, Charley Patton, Blind Willie McTell, Peetie Wheatstraw, Big Maceo – byddai'r ymateb yn ddigon tebyg i'r sgwrs uchod. A'r gwir amdani yw mai llond dwrn yn unig yw'r rhain o blith cewri'r *blues*. Gellwch gloddio'n ddyfnach eto – Garfield Akers, Willie Brown, Kid Stormy Weather, Wesley Wallace, Black Ivory King, Stovepipe No. 1 . . . cannoedd ar gannoedd o gantorion, llawer ohonynt heb recordio mwy na llond dwrn o ganeuon cyn diflannu i ebargofiant strydoedd cul y *ghettos* a chabanau distadl cefn gwlad Deheubarth yr Unol Daleithiau.

Erbyn heddiw, gŵyr y rhan fwyaf o bobl wynion rywbeth am y *blues*.
Ond yr hyn na sylweddola'r mwyafrif ohonynt yw hyd a lled eu hanwybod-
aeth o'r maes. Byd cyfoethog, cyforiog yw byd y *blues*. Ar ôl pymtheng
mlynedd ar hugain o wrando arnynt bob dydd bron, mi fydda i'n penderfynu
weithiau nad oes ragor i'w ddarganfod, fod y *blues*, i mi beth bynnag, wedi
dweud y cwbl y gallant ei ddweud. Yna, ar hap, bydda i'n dod ar draws
rhywun fel yr anhysbys J. W. Warren â'i orchestwaith unigryw 'The Escape of
Corinna' (a drafodir ym Mhennod 2); neu fe fydda i'n mynd yn ôl i wrando ar
Blind Lemon Jefferson, un o'r *bluesmen* cyntaf imi'i glywed pan oeddwn yn
laslanc yn y pumdegau, a daw ei ganeuon gorau yn fwy ffres nag erioed.

Llyfr personol yw hwn. Er ei fod, yn anochel, yn trafod agweddau ar
hanes y *blues*, nid hanes y *blues* mohono fel y cyfryw. Ceir dau lyfr o'r fath yn
barod – *The Story of The Blues* gan Paul Oliver a *The Devil's Music* gan Giles
Oakley – llyfrau rhagorol, a does fawr o bwynt dyblygu gwaith y ddwy gyfrol
yma.

A chan mai gwaith personol ydyw, nid yw'n ddiduedd. Fydda i ddim yn
trafod y cantorion *blues* 'clasurol' bondigrybwyll, megis Bessie Smith, Ma
Rainey, Ida Cox, Lucille Hegamin ac eraill; yn fy marn i, mae eu hanes nhw'n
perthyn mwy i fyd *jazz* a *vaudeville*. Fydda i ddim yn dyfynnu'n helaeth o
waith y cantorion benywaidd *downhome* chwaith – rhai ohonynt yn gantoresau
ardderchog – gan mai traddodiad gwrywaidd yn bennaf yw traddodiad y
blues. Ar ben hynny, er fy mod yn tynnu enghreifftiau o recordiadau *blues* o
1925 hyd at heddiw, mae'r llyfr yn gogwyddo tuag at y 1920au a'r 1930au, cyf-
nod o amrywiaeth arddull a thestun dihafal o'i gymharu â chynnyrch y band-
iau trydan ar ôl yr Ail Ryfel Byd.

Llyfr dwyieithog yw hwn i raddau. Rwy wedi dyfynnu'n helaeth o eir-
iau'r *blues* yn ogystal â sylwadau'r cantorion eu hunain ar eu cerddoriaeth a'u
profiadau, gan fod byd y *deep blues* o hyd yn anghyfarwydd i'r rhan fwyaf o
bobl wynion. Rhan o ddiwylliant llafar oedd y *blues*, ac nid yw geiriau ar
bapur yn cyfleu ond arlliw o gyfoeth y Saesneg Affro-Americanaidd – iaith y
mae'n rhaid ei chlywed. Serch hynny, cawn beth o flas y *blues* ar y tudalen, a
byddai cyfieithu'n fodd o golli hyd yn oed yr olion prin hynny.

Pam cyhoeddi llyfr ar y *blues* yn y Gymraeg, o gofio y gall pawb sy'n ei
ddarllen droi at y llyfrau ardderchog sydd ar gael yn Saesneg? Un ateb yw
cyfeirio at y dylanwad a gafodd y *blues*, yn uniongyrchol ac yn anunion-
gyrchol, ar gerddoriaeth roc Gymraeg. Ond mae dadl arall, gryfach. Mae'r
blues i'w cyfrif ymhlith gorchestion artistig cyfoethocaf ein canrif, ac fe ddylai

unrhyw ddiwylliant sy'n honni bod yn annibynnol gael mynediad union-gyrchol i'r cyfoeth hwnnw.

Yn anorfod, fe fydda i'n trafod rhai pethau a fydd yn gyfarwydd i bawb sy'n gwybod am y *blues*, ond mae yma hefyd rywbeth newydd a gwreiddiol oherwydd imi geisio distyllu blynyddoedd maith o wrando ar fath arbennig o gerddoriaeth sydd bellach wedi mynd yn rhan annatod ohonof.

Nid cerddoriaeth yn unig yw'r *blues* ond hefyd corff enfawr o farddoniaeth lafar a thelynegol, hunanfynegiant cenedl a ormeswyd ond a wrthododd ildio'n llwyr. Y cantorion yw prif gynheiliaid traddodiad sydd, o'i hanfod, yn herio'r drefn. Os am y rheswm hwnnw'n unig, dylem ni yng Nghymru allu cydymdeimlo â'r *blues*.

Cynnwys

Cydnabyddiaethau

Os yw llyfr i fod yn anacademaidd ei naws, rhaid i'r awdur ochel rhag defnyddio llwyth o droednodiadau. Fy ngobaith, felly, yw y bydd y nodyn cyffredinol yma'n ddigon i fynegi fy nyled sylweddol i nifer fawr o ymchwilwyr a dilynwyr pybyr y *blues*. Dros y blynyddoedd y mae eu nodiadau ar gloriau recordiau, eu herthyglau mewn cylchgronau, eu hadolygiadau a'u llyfrau wedi bod o gymorth imi lunio dealltwriaeth bersonol o'r cyfrwng.

Mae arnaf ddyled arbennig i'r canlynol: i William Ferris o Ganolfan Astudiaethau Diwylliant y Deheubarth, Oxford, Mississippi, am ei haelioni wrth roi imi gymaint o'r ffotograffau sy'n ymddangos yn y llyfr hwn, ac am ei ganiatâd i ddyfynnu o'i gyfweliadau â *bluesmen* y Delta yn y 1960au; i David Evans y bu'i waith ar Tommy Johnson, Charley Patton a thraddodiad *blues* y Delta yn gymaint o ysbrydoliaeth imi; i Paul Oliver, prif ymchwilydd Lloegr yn y maes – ei lyfr *Blues Fell This Morning* (1960) oedd un o'r gweithiau cyntaf imi'i ddarllen ar y testun; i Cilla Huggins o'r cylchgrawn *Juke Blues* am ei haelioni wrth roi'r ffotograffau o Howlin' Wolf, Muddy Waters a Hound Dog Taylor o archif *Juke Blues*; i Steve Eaves am ganiatâd i ddefnyddio 'Y Felan a Finnau' yn deitl i'r llyfr; i Martin Davies – paratowyd y fersiwn Gymraeg o'r llyfr hwn mewn ymgynghoriad â'r awdur ar sail cyfieithiad Martin Davies; i Helle Michelsen am ei beirniadaeth; ac i'r pianydd o Memphis, Booker T. Laury a ddysgodd fwy imi am y *blues* nag anad neb arall o bosibl, pan oeddwn yn byw ym Memphis ym 1979.

Dyma gydnabyddiaethau manwl y lluniau: William Ferris ac Archifau Prifysgol Mississippi – 1, 3 (a'r clawr), 5 (a'r clawr), 6, 12, 13, 14, 15, 16, 17, 18, 19, 21, 23, 25, 26, 27, 28, 30; Llyfrgell y Gyngres, Washington DC – 2, 4 (a'r clawr), 7, 8, 20, 24; *Juke Blues* – 10 gan Jim Simpson, 11 gan Don Bronstein, 29 gan Slate Raymond.

1

Geiriau Gwirion a Cherddoriaeth Anwar

Yn y pumdegau, cyhoeddodd grŵp o wynion hiliol o'r enw 'The Citizens Council of Greater New Orleans, Inc.', boster a ddosbarthwyd drwy ardaloedd gwynion y ddinas:

NOTICE! STOP! Help Save the Youth of America. DON'T BUY NEGRO RECORDS.

Aeth y poster rhagddo i awgrymu os oedd y gwynion eisiau i'r duon gadw draw o'u busnesau, yna dylent ymatal rhag chwarae cerddoriaeth y duon ar eu jiwcbocsys, gan mai dyma oedd y prif atyniad iddynt. Peidiwch â gwrando ar gerddoriaeth y duon ar y radio, a chodwch y ffôn i gwyno am bobl sy'n hysbysebu ar orsafoedd radio sy'n ei chwarae – dyma oedd y neges.

Ar yr olwg gyntaf, doedd hwn ond enghraifft arall o bropaganda hiliol. Eto i gyd, mae rhyw dinc anesmwyth ynddo, rhyw ansicrwydd sy'n ymylu ar ofn. Yn y cyfnod hwnnw, roedd gan y gwynion yr hawl i wahardd y duon o'u siopau a'u bwytai. Ond awgrym y poster oedd bod y gwynion yn colli rhywbeth mwy tyngedfennol na'r hawl gyfreithiol i ddidoli'n hiliol. Roedd hi'n bosibl eu bod yn dechrau colli'r frwydr i reoli meddyliau a moesau'u plant eu hunain. Mae'r poster yn cloi drwy hanner ymbil, hanner mynnu: *Don't Let Your Children Buy, Or Listen To These Negro Records!* Pam? *The screaming, idiotic words and savage music of these records are undermining the morals of our white youth in America.*

Mae'r frawddeg olaf yn thema gyson drwy hanes Deheubarth yr Unol

Daleithiau, gan fynd â ni'n ôl i ddyddiau'r caethweision. Y tu ôl iddi mae myth a oedd yn cynnal y gwynion, sef mai rhywioldeb ac emosiwn di-lyffethair y duon sy'n eu dynodi fel 'hil anwar, gyntefig', hollol golledig. Roedd hyn, yn ei dro, yn cyfiawnhau gormes anwaraidd, drwy gaethwasiaeth yn y lle cyntaf, ac yna, yn nes ymlaen, drwy'u gwahanu'n gymdeithasol, yn economaidd ac yn wleidyddol. Yn ôl y myth yma, nid canu fyddai'r duon ond 'sgrechian geiriau gwirion' i gyfeiliant cerddoriaeth 'anwar', cerddoriaeth sy'n deillio o wreiddiau sydd, yn eu hanfod, yn rhai cyntefig ac anfoesol.

Doedd hyn yn mennu dim ar y goruchafiaid gwynion pan fyddai'r duon yn eu diddanu eu hunain mewn *barrel houses* a *juke joints* – y cabanau anniben, distadl a ddefnyddid ac a ddefnyddir hyd heddiw fel caffis a barrau ar hyd a lled y Deheubarth; neu mewn partïon-codi-rhent i godi arian i dalu rhent y mis canlynol, neu ar gongl y stryd yn y *ghettos* duon i ennill ychydig ddimeiau. Doedd hi ddim yn eu poeni'n ormodol chwaith, pan ddechreuwyd recordio fwyfwy o gerddoriaeth y duon yn y 1920au wrth i'r cwmnïau recordio yn y Gogledd sylweddoli fod marchnad fawr, hollol newydd ar gael lle y gellid gwerthu i'r duon recordiau rhad o'r *blues*, caneuon efengylaidd a phregethau.

Mewn ffordd, roedd recordiau o'r fath hefyd wedi'u gwahanu yn ôl hil. Fe'u rhyddhawyd gan gwmnïau recordiau ar restrau arbennig dan yr enw Race (lle na châi'r term ei ddefnyddio'n sarhaus, ond yn unol â'r ffasiwn yr adeg honno ymhlith y duon i ddynodi balchder yn eu hil). Hysbysebwyd ac adolygwyd y rhain i gyd ym mhapurau rhyddfrydol y duon megis y *Chicago Defender*, papur a waharddwyd drwy'r Deheubarth.

Mae'n wir dweud mai yn ystod y cyfnod hwn y dechreuodd y *blues* ddylanwadu ar gerddoriaeth *downhome* gwynion y Deuheubarth drwy berffformiadau cantorion fel Darby a Tarlton, Jimmie Rodgers a'r Brodyr Allen. Ond, ac eithrio'r olaf o bosibl, tueddai cerddorion gwynion bob amser felysu'r *blues*, gan lastwreiddio'u naws ymosodol a'u cynnwys masweddus. Roedd caneuon melancolaidd, sentimental Jimmie Rodgers ('The Yodelling Brakeman'), a seiliwyd ar y *blues*, yn hynod boblogaidd gyda gwynion y De, a doedd eu gwreiddiau du ddim yn peri unrhyw broblem iddynt.

Beth oedd wedi newid erbyn y 1950au felly i beri i Gyngor Dinasyddion New Orleans gynhyrfu gymaint?

Erbyn hyn mae'r ateb yn rhan o hanes cerddoriaeth. Gan ddechrau gyda grwpiau fel Bill Haley and The Comets a thrwy berfformwyr fel Chuck Berry, Little Richard a Bo Diddley, drwodd i'r 'Brenin', Elvis Presley, ysgubodd cerddoriaeth y duon fel tân eithin drwy gerddoriaeth boblogaidd America gan ei newid am byth. Ac, fel y sylweddolodd Cyngor y Dinasyddion, nid dyna fyddai pen draw'r newidiadau chwaith. Mae'n debyg mai cantorion roc a rôl duon fel Little Richard a Chuck Berry oedd dan sylw ganddynt wrth iddynt alw ar wynion y ddinas i ymarfogi er mwyn amddiffyn moesau gwynion. Ond y tu ôl i roc a rôl roedd y *blues*: y tu ôl i Little Richard a Chuck Berry roedd Muddy Waters a Howlin' Wolf; y tu ôl i Elvis, Big Boy Crudup.

Roedd Cyngor y Dinasyddion yn deall yn iawn ystyr roc a rôl yng ngeirfa'r duon – ei ystyr oedd 'rhyw'. Yn union fel yn y chwedegau, ar yr adeg pan mai'r *twist* oedd ar y brig mewn dawnsfeydd, byddent wedi nabod gwreiddiau'r ddawns o'r hen *juke joints* 'ych-y-fi' 'na:

> *Mama, mama, come an look at Sis*
> *Standin on the corner tryin to do that twist.*

– a byddent wedi deall yn burion rywioldeb agored yr holl *shimmying on down.*

I Gyngor y Dinasyddion felly roedd mwy i gerddoriaeth seciwlar y duon na 'miwsig' fel y cyfryw. Roedd y gerddoriaeth hon yn mynegi ffordd o fyw, yn dathlu ac yn cadarnhau profiad y duon, ac ofnai'r gwynion y byddai eu plant hwythau drwy gyfrwng roc a rôl yn ildio i lawer mwy na math gwahanol o rythm. Yn wir, o safbwynt hiliaethwyr ceidwadol y De, roedd 'moesau' ieuenctid gwyn America'n cael eu tanseilio. Ond gan fod buddiannau masnachol aruthrol eisoes wedi bwrw eu coelbren gyda 'chwyldro'r ifainc', doedd fawr ddim y medrent ei wneud i'w rwystro.

Cadarnhawyd ac atgyfnerthwyd dylanwad canu'r *blues* ar gerddoriaeth bop y gwynion yng nghanol y chwedegau a'r saithdegau, oes aur roc Prydeinig. Byddai grwpiau megis yr Animals, Cream a'r Rolling Stones yn tynnu'n uniongyrchol o fandiau trydan, ymosodol cantorion fel Elmore James, Howlin' Wolf a Muddy Waters. Roedd gwaith y bandiau hyn ar gael ar recordiau (llawer ohonynt wedi'u recordio'n gyntaf yn y pumdegau), a gafodd eu hail-gyhoeddi ar labeli hollol ddi-sôn-amdanynt wrth i'r *blues* ddechrau treiddio i'r farchnad Brydeinig.

Byddai'r grwpiau Prydeinig yn efelychu fformat y band *blues* trefol du – gitarau blaen a bas, drymiau ac efallai organ geg (*harp* yn nhermeg y duon), neu biano/allweddellau trydan. Cafwyd drymio trwm trawsacen, riffiau *boogie* ar y gitâr fas, 'ail lais' y gitâr flaen neu'r organ geg yn ateb llais y canwr

– nodweddion roc cynnar oedd y rhain i gyd – a dyma hefyd nodweddion bandiau *blues* Chicago, Detroit, Oakland a Memphis yn y pumdegau a'r chwedegau. Byddai bandiau Prydeinig hefyd yn gwneud eu fersiynau hwythau o ganeuon *blues* penodol – er, yn aml iawn, na fyddai'r gynulleidfa wen yn ymwybodol o darddiad y caneuon hyn. Fersiwn o gân *blues* gan Willie Dixon oedd 'Little Red Rooster' gan y Rolling Stones a bydden nhw wedi'i chlywed oddi ar record a gyhoeddwyd gan Howlin' Wolf ym 1961.

Mynegir yr effaith gerddorol ac emosiynol a gafodd y *blues* ar y cerddorion roc ifainc hyn yn dda iawn gan Eric Clapton mewn teyrnged i Robert Johnson, un o hoelion wyth *blues* y Mississippi. Er i Johnson farw ym 1938, cafodd gryn ddylanwad ar ddatblygiadau *blues* a roc yn nes ymlaen yn y ganrif. Cyhoeddodd Columbia record o ganu *blues* Robert Johnson yn gynnar yn y chwedegau pan oedd Clapton, meddai ef, yn bymtheg neu'n un-ar-bymtheg oed. Hyd y gall Clapton gofio, nid oedd erioed wedi clywed am Johnson pan brynodd y record, ond cafodd effaith syfrdanol arno'n syth: 'Fe ddaeth yn dipyn o *sioc imi fod yna rywbeth ar gael a allai fod mor rymus*' (pwyslais Clapton). I lawer un arall yr adeg honno, finnau yn eu plith, bu record Johnson yn dipyn o agoriad llygaid. Gan gyfeirio at ddwysedd emosiynol *blues* Johnson, â Clapton rhagddo fel hyn: 'Ar y dechrau bron nad oedd yn brifo gormod, ond yna, ar ôl tua chwe mis, mi ddechreuais wrando arno go-iawn, ac ar ôl hynny wnes i ddim gwrando ar ddim byd arall . . . Hyd nes fy mod yn 25 oed, taset ti ddim yn gwybod pwy oedd Robert Johnson, wel, faswn i ddim eisiau dy nabod di', ychwanegodd gan orliwio braidd.

Beth oedd Clapton i fod i'w wneud? Roedd yn gerddor talentog, ifanc, yn torri ei fol eisiau gwneud ei farc ym mwrlwm y sîn roc a rôl Seisnig, ac yna, yn sydyn, dyma fe'n clywed am y tro cyntaf feistri'r math o gerddoriaeth y byddai wrth ei fodd yn ei pherfformio, a sylweddoli na fedrai byth fod yn yr un cae â nhw, ac mai cawl eildwym yn unig y byddai'n ei gynhyrchu. Bu Eric Clapton yn pendroni'n hir uwchben y broblem fel y dengys sylwadau gonest a threiddgar ei deyrnged i Robert Johnson:

> Roedd hi fel taswn i bron wedi fy mharatoi i dderbyn Robert Johnson 'fatha rhyw brofiad crefyddol a oedd wedi dechrau wrth wrando ar Chuck Berry, gan ddwysáu ac ymledu fesul cam nes mod i'n barod amdano fo. Hyd yn oed wedyn doeddwn i ddim yn hollol barod. Roedd yn dal i fod yn rhy bwerus imi ac yn peri cryn rwystredigaeth imi hefyd, achos mi sylweddolais i fedrwn i ddim canu'i gerddoriaeth ynta mwy na fedrwn i ganu stwff Muddy Waters. Roedd e jest yn rhy ddwfn imi.

Yr hyn a wnaeth Clapton, yn ôl ei gyfaddefiad ei hun, oedd dadansoddi *blues* Johnson (a chantorion *blues* tebyg iddo) er mwyn cael gweld pa agweddau arnynt y medrai eu trafod yn llwyddiannus, megis riff, 'ffurf y gellid ei ddehongli'n syml o fewn fformat band'.

Mae'r hyn a ddywed Clapton yn ddadlennol iawn ynglŷn â gwir ddyled roc a rôl i'r *blues*. Mae'r ddyled yn sylweddol, a go brin y byddai roc a rôl wedi digwydd hebddynt. Eto i gyd, fel y mae Clapton yn cyfaddef, ni fedrai ganu cerddoriaeth Johnson na Muddy Waters oherwydd, yn emosiynol ac yn gerddorol, roedd y tu hwnt iddo.

Mae'r rhesymau am hyn yn gymhleth. Ond mae Clapton yn llygad ei le. Rwy wedi clywed am sawl cerddor gwyn sydd wedi ymdrwytho yn nhraddodiad y *blues* ac na fydd yn canu ond y *blues* – ond ni fedrwch fyth eu camgymryd am gantorion duon neu gitaryddion duon. Fe fydd y cwbl i'w glywed yn *wyn*, ac fe fydd y gerddoriaeth, waeth pa mor wych bynnag y bo, bob amser yn brin yn y glorian o'i chymharu â'r peth go-iawn. Roedd Clapton yn graff iawn i sylweddoli'r cyfyngiadau a osodwyd arno gan ei draddodiad diwylliannol ei hun.

Fel mae'n digwydd, amlygwyd y gwahaniaeth rhwng *blues* 'ffug' a *blues* 'go-iawn' mewn sesiwn *blues* a gynhaliwyd yn Aberystwyth ym 1991, pan ganodd Phil Guy, brawd y canwr *blues* mwy adnabyddus Buddy Guy, yng nghwmni grŵp Seisnig ifanc, yr Harp Breakers. Perfformiodd yr Harp Breakers y set cyntaf ar eu pennau'u hunain – gyda'r fformat clasurol o gitarau blaen a bas, drymiau, allweddellau trydan ac organ geg (a ganwyd gan y prif leisydd). Bechgyn yn eu hugeiniau cynnar oeddent, ac yn rhan o genhedlaeth sydd wedi mynd yn ôl at wreiddiau *blues* roc a rôl. Roedden nhw'n dda iawn. Roedd y canwr, a wisgai siwt siec werdd frest dwbl yn null y pedwardegau hwyr fel Jimmy Rushing (gyda throwsus-coesau-llydain a orchuddiai ei draed ac a fuasai wedi edrych yn well ar gorff mwy sylweddol Rushing), yn organydd ceg medrus. Yn null rhai o'r *bluesmen* mwyaf lliwgar, torsythai fel ceiliog ar ben domen ar y llwyfan a deuai allan i ganol y gynulleidfa gan lusgo cebl meic yr organ geg gydag ef a chan berfformio ar ben y byrddau. Roedd y gitarydd blaen hefyd yn dipyn o giamster ar ei grefft, gan ganu'r gitâr gyda phlectrwm yn uchel yn y cwmpas trebl yn null Clapton neu B. B. King. Mae'n amlwg i'r *blues* gael dylanwad mawr ar y grŵp yma a'u bod wedi'u hymgorffori'n helaeth yn eu perfformiad.

Dyma fi'n setlo i lawr i fwynhau'r noson.

Yna, yn ystod yr ail set, dyma Phil Guy yn ymddangos. Pwtyn cydnerth diymhongar oedd e, yn gwisgo crys coler agored a throwsus a ddaliwyd i fyny gan fresys coch. Treuliodd ychydig o amser yng nghefn y llwyfan yn cywiro'i amp, gan bwyso ymlaen i wrando ar draw a thôn ei gitâr. Yna, daeth yn ei flaen a, chan daro cord ar ei offeryn mawr gwyn, amneidiodd tuag at y band a dyna bawb yn bwrw ati.

Bluesman eithaf da o Chicago yw Phil Guy, heb fod yn un o'r hoelion wyth, ond roedd y gwahaniaeth rhwng y set cyntaf a'r ail set yn anhygoel. Yn dechnegol, fe ddichon fod gitarydd blaen yr Harp Breakers yn rhagori ar Guy, ond roedd yna ddyfnder tôn gan y dyn o Chicago a berai i'r llall swnio'n fain ac yn denau – yn rhannol, efallai, oherwydd i Guy ddewis mwyhau'i gitâr ar wahanol osodiadau. Ond roedd yna fwy na hynny iddo. Ni chadwodd Guy i'r trebl yn unig, gan adael i'r gitâr fas gario'r llinell fas; defnyddiodd holl gwmpas y bysfwrdd. Canodd yn ddiffuant gan roi'n hael i'w gynulleidfa. Yn ystod y caneuon cyntaf, bu wrthi'n ffeirio unawdau gyda gitarydd y Breakers, ond doedd hwnnw ddim yn yr un cae, druan, a chyn bo hir, setlodd i'r rôl o ail gitâr, gan riffio a chanu cordiau bloc y tu ôl i Guy.

Yr un fu hanes lleisydd/organydd ceg y Breakers. Fel arweinydd y grŵp roedd eisiau dangos ei fod o leia gystal â'r dyn o Chicago, gan geisio canu'r organ geg fel un o *bluesmen* adnabyddus Chicago, megis Little Walter neu Big Walter Horton. Daliodd ati ar y llwyfan gan ddowcio a thorsythu i'r rhythm, tra safai Guy yn llonydd – fel y gwna'r rhan fwyaf o'r *bluesmen* rwy wedi'u gweld – yn sgwaryn solet o ddyn, ei droed yn tapio, yn lladdar o chwys wrth chwarae ei offeryn a chanu. Ail le gafodd arweinydd ifanc y Breakers hefyd a, diolch byth, roedd yntau yn ddigon o foi i weld hynny, gan gilio i'r ochr lle y bodlonodd ar riffio'n fwy tawel mewn cyfeiliant.

Ac yn olaf, y drymiwr. Yn ystod y set cyntaf roedd yr Harp Breakers wedi canu caneuon sionc eu tempo'n bennaf. Dechreuodd Phil Guy fel yr oedd eisiau mynd ymlaen, gyda *blues* ara deg a dynnodd y gwynt braidd o ddrymio ffrenetig, rhy fflash ar adegau, drymiwr y Breakers. Roedd yn gerddor digon atebol i gael y neges: i ddyn *blues* fel Guy, roedd rhythm y Breakers yn hollol anghywir. Cyn bo hir, setlodd y drymiwr yn ôl i gynnal curiad syml, diaddurn yn y cefndir. Roedd wedi dod yn ddrymiwr *blues* ac, am y noson honno, beth bynnag, o dan ddylanwad grymus llais, gitarydda a *phresenoldeb* Phil Guy, band *blues* go-iawn oedd y Breakers.

*   *   *

Shotgun House.

Os gofynnir i ddyn *blues* o'r hen do beth yw ystyr y *blues*, yn aml, bydd yn dweud rhywbeth tebyg i: *The blues will never die! The blues is around you every day.*

Mae'n ddigon hawdd deall beth sydd ganddo. Ganed y *blues* o dlodi, a thlawd yw cyflwr y rhan fwyaf o dduon America o hyd. Ond mae rhywbeth arall dan sylw ganddo hefyd. Mynegiant yw'r *blues* o batrymau oesol dioddefaint a gorfoledd y profiad dynol. Lle bynnag y bydd yna *bobl*, bydd yna ganu *blues*.

Serch hynny, mae'r *blues*, fel cerddoriaeth a barddoniaeth y werin bobl ac fel y brif ffurf seciwlar ar gelfyddyd y duon, yn dod i ben. Er bod tlodi'r duon yn parhau, mae eu cymdeithas wedi'i gweddnewid llawn cymaint gan rymoedd cymdeithasol, economaidd a thechnolegol ag y mae cymdeithas y gwynion. Yr unig wahaniaeth yw nad ydynt wedi 'ymelwa' i'r fath raddau.

Hyd at y chwedegau, llwyddodd y *blues* i addasu a chymhathu â llawer iawn o'r newidiadau hyn. Ond ar ei lefel ddyfnaf, mynegiant unigolion o fewn cymunedau cyflawn fu'r *blues* erioed. Tua diwedd y 1970au, tra mewn bar-biciw a pharti *blues* ar fferm fechan Othar Turner ger Senatobia, Mississippi, fe gymerais hoe o'r dawnsio a'r yfed i ymlwybro ar hyd y lôn lychlyd a âi heibio i gaban Turner. Roedd y llwch yn wyn ac afreal o dan leuad lawn, liw mêl. Wrth imi gerdded ar hyd y ffordd, daeth hen ddyn i gwrdd â fi, wedi'i ddenu gan sŵn y gerddoriaeth *blues* y gellid ei chlywed yn y pellter. *Is that ole So-and-So on the box* (h.y. y gitâr)? gofynnodd. Atebais fy mod i'n credu mai ef oedd yn chwarae. *I thought so. He sure do hit that thing good, don't he?* Ac i ffwrdd ag ef i ymuno â'i gymdogion yn y parti.

Mae'r teimlad fod y *blues* yn rhan annatod o gymuned bron wedi darfod, heblaw am yr ardaloedd gwledig mwyaf anghysbell. Fe'u disodlwyd gan y cyfryngau torfol. Efallai fod y duon yn dal i fyw mewn tlodi, ond fel pob un ohonom, maen nhw'n byw mewn byd lle caiff popeth sydd o'n cwmpas ac sy'n rhoi siâp i'n bywydau a'n bodolaeth ei ddehongli'n barhaus mewn byd arall, nad ydym yn gyfrifol am ei greu. Ym myd y radio a'r teledu, mae miliynau o bobl yn gwrando neu'n lled wrando ar yr un DJs, yr un gerddoriaeth fasgynhyrchu a'r un bwletinau newyddion dau funud – a hynny i gyd ar yr un pryd.

Nid yw'r *blues* wedi llwyddo i gystadlu â hyn. Mewn cymdeithas o ddefnyddwyr mae pwysau i gydymffurfio ac, o ganlyniad, mae pobl ifainc dduon wedi troi oddi wrth y *blues*, at *Soul* a ffurfiau eraill ar adloniant torfol. Aiff rhestr y marwolaethau yng nghylchgronau'r *blues* (a gyhoeddir ar gyfer y gwynion) yn hirach bob blwyddyn. Ond mae stori'r *blues* yn llawn paradocs, oherwydd bod y dechnoleg sy'n gyfrifol am eu tranc, sef dulliau recordio trydanol, hefyd yn gyfrwng i'w cadw rhag difancoll.

Recordiwyd y gerddoriaeth efengylaidd (*gospel*) go-iawn gyntaf ym 1902 gan y Dinwiddie Colored Quartet a gyhoeddwyd ar ddisgiau un ochr. Ni recordiwyd y *blues* cyntaf tan ddeunaw mlynedd yn ddiweddarach, pan fentrodd y General Phonograph Company drwy recordio 'That Thing Called Love' a 'You Can't Keep a Good Man Down', a gyfansoddwyd gan Perry Bradman ac a ganwyd gan Mamie Smith. Cyhoeddwyd y caneuon ar label y cwmni, sef OKey.

Roedd Mamie Smith yn perthyn mwy i draddodiad *vaudeville* na'r *blues*, a phrin y gellir ystyried y caneuon hyn yn ganeuon *blues*. Ond gwerthodd y record yn dda ymhlith y duon, a chan synhwyro marchnad nad oedd eto wedi'i hecsbloetio, dechreuodd y General Phonograph Company ac eraill ehangu i fyd cerddoriaeth y duon. Ar y dechrau, adeiladu ar lwyddiant caneuon *vaudeville* Mamie Smith oeddent, gan recordio cantoresau eraill i gyfeiliant bandiau *jazz* neu gyfuniadau piano/cornet neu biano/trombôn. Rhwng 1920 a 1923 recordiwyd, ymhlith eraill, Lucille Hegamin, Edith Wilson a Leona Williams. Ym 1923 hefyd recordiwyd am y tro cyntaf enwau mwy adnabyddus megis Bessie Smith, Ma Rainey a Clara Smith. Eto i gyd, er cystal oedd llawer iawn o'r cantoresau yma, fe gynrychiolent draddodiad *blues* a oedd wedi'i addasu ar gyfer perfformiadau mewn sioeau ac ar gyfer cerddoriaeth fwy *jazzy* ei naws, a chanddi fwy o gysylltiad â'r *vaudeville* a chylchdaith theatr y duon.

Ni recordiwyd y *blues* gwledig, neu *downhome*, tan fis Mawrth neu Ebrill 1924 pan aeth canwr, sydd bellach yn hollol anadnabyddus, o'r enw Ed Andrews â'i gitâr 12-tant i mewn i stiwdio dwy-a-dimai yn Atlanta, Georgia, i recordio 'Barrel House Blues' a 'Time Ain't Goin' to Make Me Stay' ar gyfer y label OKey.

Dechreuad di-nod felly (doedd Ed Andrews yn fawr o ganwr na gitarydd), i'r hyn a droai'n ddilyw. Yn groes i'r disgwyl, roedd sŵn ansoffistigedig y *downhome blues* yn boblogaidd gyda'r duon. Erbyn diwedd y 1920au, bu bron pob un o'r prif gwmnïau recordio wrthi yn y maes, gan ddefnyddio sgowtiaid talent, rhai yn bobl wynion o'r De a rhai'n *bluesmen* a oedd wedi profi eu poblogrwydd eu hunain. Ar y dechrau, roedd yn well gan lawer o'r cwmnïau ddod â chantorion o'r De i recordio yn eu stiwdios yn y Gogledd. Ond wrth i amser fynd yn ei flaen, byddent yn gyrru peirianwyr recordio allan ar deithiau maes. Byddai hysbysebion yn y papurau newydd lleol mewn canolfannau megis Atlanta, Memphis neu Dallas yn cyhoeddi y byddai'r cwmni mewn lleoliad arbennig ar ddyddiad arbennig ac yn gwahodd perfformwyr am wrandawiad prawf. Os yn llwyddiannus, fe gaent wahoddiad i wneud recordiad prawf.

Roedd yn amser rhyfeddol, achos doedd gan y cwmnïau nemor ddim syniad beth fyddai'n gwerthu. Roeddent bron â bod yn hollol anwybodus ynglŷn â chwaeth gerddorol duon y De. Y cwbl a wyddent oedd bod cynnydd yn nifer y ffonograffiau a recordiau 78 rhad yn golygu fod galw am recordiau ymhlith y duon, ac oni bai iddyn nhw achub y cyfle, byddai rhywun arall yn siŵr o wneud. O ganlyniad, rhwng 1924 a 1931, a'r diwydiant recordio'n dioddef yn enbyd yn y dirwasgiad, recordiwyd pob math o gerddoriaeth duon y De, gan gynnwys casgliad anhygoel o *downhome blues*. Ni recordiodd rhai cantorion, fel Ed Andrews, ond rhyw un neu ddwy o ganeuon cyn diflannu yn ôl i'w cymunedau. Bu eraill, fel Blind Lemon Jefferson o Texas, yn recordio'n helaeth a daeth y rhain (ymhlith y duon) yn sêr y *downhome blues.*

Ond nid y cwmnïau recordio masnachol yw'r unig ffynhonnell o enghreifftiau cynnar o'r *blues.* O 1933 ymlaen, dechreuodd Llyfrgell y Gyngres ddanfon ymchwilwyr gwerin, megis y tad a'r mab, John ac Alan Lomax, ar deithiau maes, i recordio ar y planigfeydd a'r ffermydd, yn yr eglwysi a'r ysgolion ac – o bwys arbennig ym maes y *blues* – i'r carchardai a ffermydd carchar. Canlyniad hyn oedd casgliad gwerthfawr o gerddoriaeth y duon sy'n gorgyffwrdd â gwaith y cwmnïau masnachol ac yn ei gyfannu. Mae'r rhestr o recordiadau a wnaethpwyd o gerddoriaeth *blues* ac efengylaidd yn ystod y cyfnod 1902-43 (1920-43, mewn gwirionedd) yn cynnwys bron 900 o dudalennau mewn print mân.

Ar ôl yr Ail Ryfel Byd, newidiodd y patrymau recordio. Daeth cwmnïau newydd i'r fei, megis Chess yn Chicago, a ddaeth, ar ôl dechrau'n ddigon distadl, yn un o'r cwmnïau recordio *blues* mwyaf dylanwadol erioed, gyda chantorion megis Howlin' Wolf a Muddy Waters ar ei restr.

Gyda thwf diddordeb y gwynion yn y *blues* yn ystod y 1960au, sefydlwyd dwsinau o gwmnïau llai, yn yr Unol Daleithiau, gwledydd Prydain a phob gwlad yn Ewrop bron, yn ogystal ag Awstralia a Siapan. Amcan y cwmnïau hyn oedd ailgyhoeddi recordiadau blaenorol ar recordiau hir; recordiwyd miloedd o oriau o dapiau mewn stiwdios ac 'yn y maes', yng nghartrefi'r cantorion, yn y *juke joints* ac yn y blaen, gan y cwmnïau masnachol, ymchwilwyr gwerin ac amaturiaid brwdfrydig (ac mewn ambell achos gan y cantorion eu hunain).

O ganlyniad, ymddengys mai'r *blues* (heblaw am eu cyfnod cynharaf yn ystod dau ddegawd cynta'r ugeinfed ganrif) yw'r gerddoriaeth werin sydd wedi'i chofnodi orau yn y byd, ac sydd ar gael i bawb, ar filoedd o recordiau, tapiau, fideos ac, erbyn hyn, cryno-ddisgiau. Os dymunwch, gellwch wrando ar gerddoriaeth *blues* bob dydd. Nid fel 'na yn union y bu'r hen lawiau'n edrych arni, ond, yn sicr, gydag archif mor gynhwysfawr, go brin y bydd y *blues* yn marw.

2

Plentyn yn chwarae ffonograff mewn caban, Ionawr 1939.

Dihangfa Corinna

Ar 15 Medi 1981, eisteddai J. W. Warren yn ei gartref yn Ariton, Alabama, i ddechrau ei sesiwn recordio cyntaf gyda'r ymchwilydd George Mitchell. Roedd yn drigain oed.

> *I never had a break what's however. In other words, I never had a break in my life. I was born in the wrong part of the world and then again I didn't go any place to do any better, you know what I mean? I been around the States and overseas but it seems like I can make it better here than any place else. My daddy gave me a good raising and I know how to treat people, how to be respectful to folks, I like that. But I had too much trouble in my life. I didn't do anything with the kind of talent I had because I didn't have that much education. I had to walk six miles to school and then six miles back. When the creek got up I couldn't get there at all! When you got a bad break like I had you doubt yourself, you know it's rough, man!*

Byddai chwerwder J. W. Warren am y cyfleoedd a gollodd a'r diffyg addysg yn taro deuddeg ym meddyliau llawer iawn o dduon y Deheubarth. Ond nid yw'n dehongli'i sefyllfa'n hollol gywir, gan mai gitarydd a chanwr dawnus sy'n siarad, ac nid o'r awyr y daw'r *blues* chwaith. Rhaid i'r canwr *blues* ymarfer, rhaid iddo ddysgu, gan ymdrwytho ei hunan yn nhraddod-iadau cerddorol a barddonol ei bobl. Rhaid iddo'i addysgu'i hun. Ac ym myd y *blues*, dyn hyddysg yw J. W. Warren.

Y diwrnod hwnnw ym mis Medi, canodd yr hyn a ddisgrifir gan y cyn-hyrchydd recordiau Leo Bruin fel ei orchestwaith, 'The Escape of Corinna'.

Blues llafar ydyw – *talking blues* – *blues* lle bydd y perfformiwr yn llefaru i gyf-eiliant offerynnol yn hytrach na chanu. Yn aml, bydd *blues* o'r fath yn adrodd stori, mewn ffordd ddigyswllt, ac un o'r testunau mwyaf poblogaidd yw *hoboing*, neu deithio ar gerbydau trenau nwyddau ar y rheilffyrdd sy'n rhedeg groes ymgroes ar draws y Deheubarth. Wrth iddo adrodd ei hanes, bydd y canwr hefyd yn actio'i brofiad gan ddefnyddio'r gitâr neu'r piano i ddyn-wared sŵn trên nwyddau cyflym, neu lais cras y gyrrwr wrth wrthod rhoi pas iddo.

Ond mae *blues* llafar J. W. Warren yn wahanol – nid sôn amdano ef ei hun a wna ond am 'ddihangfa Corinna'.

Yn gyfeiliant, mae'n canu'r gitâr wedi'i thiwnio'n agored, gan ddef-nyddio darn o diwbin metel neu wddf potel wydr dros bedwerydd neu bumed bys ei law chwith i lithro ar hyd y tannau. Mae'r perfformiad yn dech-rau gyda riff trebl syfrdanol o wych a genir yn uchel ar y bysfwrdd, sy'n disgyn drwy dri chord mewn rhaeadr o nodau nes bod Warren yn codi rhythm sylfaenol y *blues* arbennig yma – rhyw lamu di-dor ymlaen – a thu ôl iddo gellir clywed sŵn ei droed yn pwnio'r llawr.

Once there was a time they was tellin me there was a girl by the name of Corinna, mae'n dechrau. *She had killed,* ac mae'n oedi fel petai'n meddwl, fel petai'n bwysig cael y pethau yma'n iawn, *her mother, her father, grandmother and all of her ancestors* – ac mae'r *all* yn cael ei dynnu allan, *a l l,* er mwyn ei bwysleisio. *And she,* (mae'n oedi drachefn i gael y geiriau'n iawn), *know she made the crime. She started out – she didn't have no reason at all.*

Mae'r trosedd yn cael ei ddarganfod ac mae Corinna'n cael ei dal a'i char-charu – *Thirty long days with her back turned to the wall.* Rydyn ni i gyd eisiau gwybod pam y lladdodd ei pherthnasau, ac mae Warren yn ailadrodd, *She didn't have no reason at all. She just had a mind to do these things.* Ac eto pwysleisir *mind* drwy lusgo'r gair yn ara' deg, *m i n d.*

One day, â'r canwr rhagddo, *she been layin up there so long* [yn y carchar] *she got to wonderin say 'Well, I can't get out of all this, I'm goin have to try to escape for my life'.*

Wrth orwedd yno, mae'n edrych drwy stac simdde'r carchar ac yn meddwl, *This is the only way I can escape for my life, is to get through this smokestack. And I think I can make it.*

Ac, yn wir, mae'n llwyddo i ddringo drwy'r simdde i'r to, gan neidio dros y ffens i'r ochr draw. Mae Corinna wedi dianc. Ond – *When she jumped on the ground, them hound dogs hit her, by the time she hit the ground. When them hound dogs hit her – feets was hittin the ground. They woke up. They rushin so fast, she was cryin every step she made. When she passed by me she was runnin somethin kinda like this.*

Erbyn hyn mae'r ddihangfa yn ei hanterth, ac felly'r perfformiad hefyd. Mae gitâr J. W. Warren yn dynwared rhedeg gwyllt Corinna ac ubain yr helgwn wrth iddynt lamu yn dynn ar ei thrywydd. Mae'r canwr yn ei hedmygu, yn ei hysio yn ei blaen; ond eto i gyd, gwyliwr ar yr ymylon ydyw – *I said Mmm I said Mmm, yes I did! Tryin to escape for your life.*

Mae Corinna'n rhedeg fel na redodd neb erioed o'r blaen. Ond mae'r helgwn yn dal yn dynn ar ei thrywydd, prin chwarter milltir y tu ôl iddi, *slowing that poor girl down.*

Yna, mae'r heddlu'n ymddangos. Maen nhw'n chwilio ym mhobman. Dônt at y canwr gan ofyn: *Have you seen Corinna? Well,* meddai'r canwr, *I wasn't sayin nothin – much. I was standin on the corner.* (Mae *much* yn cael ei ynganu fel pe bai'n wincio'n slei bach i'w gynulleidfa. Mae'n gwybod ein bod ninnau hefyd o blaid Corinna. Doedd e ddim yn dweud dim byd.) Ond mae'r polîs yn mynnu: *Well have you seen Corinna?* Ac yna, mae Warren yn defnyddio'r gitâr eto fel ail lais – *Sounded something kinda like this to me, see* – a chan ddefnyddio'r llithr mae'n taro nodyn bras, cras, yn ei ailadrodd chwech o weithiau, yn uchel yn y trebl i rythm cwestiwn y plismon: *Háve yóu séen Córínná?* Mae'r pwyslais yn dangos mai bygythiad ac nid cwestiwn yw hwn.

Mae'r heddlu'n esbonio'r sefyllfa: *She broke out of gaol. Doggone her soul!* meddai'r canwr mewn ffordd ddigon amwys gan fynegi'i syndod yng ngŵydd y plismon ond, yr un pryd, yn mynegi'i edmygedd yntau ac edmygedd y gynulleidfa ohoni, fel cefnogwyr cudd Corinna.

Mae'r cŵn yn ymlid Corinna i lawr hyd at lan yr afon. Drwy'r adeg mae'r gitâr yn cynnal rhythm sy'n newid rhwng rhedeg gwyllt y ferch a llamu diflino ac ubain yr helgwn.

Mae'r heddlu'n dilyn hefyd. Maen nhw'n gweld olion ei thraed yn y tywod: *She's been along here.*

Erbyn hyn mae'r helfa'n symud ymhellach oddi wrthym. Mae'r canwr yn clywed ubain yr helgwn yn atseinio yn y pellter. Mae Corinna wedi mynd heibio i resi'r siwgrcên ac yn diflannu dros ysgwydd y mynydd. Ond mae'r canwr yn dal i fedru clywed *the echo of them hound dogs' voices.* Ac mae'r heddlu'n gofyn eu cwestiwn taer eto. Y tro yma fe'i gofynnir ar dant trebl y gitâr: *Háve yóu séen Córínná?* a ddilynir eto ar y gitâr yn unig gan *Says she broke out of gaol, she broke out of gaol, she broke out of gaol.* Mae rhythm y brawddegau, eu tôn

yn cael eu pigo allan gan y gitâr lithr mewn cyfres brydferth o riffiau disgyn-
edig. Mae'r effaith yn rhyfedd. Ni chaiff y cwestiwn na'r esboniad mo'u llefaru
gan y cyfarwydd, ond yn hytrach cânt eu llefaru ym meddwl y gwrandawr.
Mae'r gitâr lithr yn cyflawni'i swyddogaeth fel ail lais yn gampus.

Erbyn hyn, fodd bynnag, mae'r heddlu wedi dal i fyny â Corinna. Maen
nhw'n gwybod lle mae hi ac maen nhw'n paratoi i'w saethu – *a firing squad*,
chwedl Warren – ar y mynydd. Mae chwilfrydedd y canwr yn mynd ag ef i'r
mynydd hefyd. *When I found that firing squad up there, I went to see them blast
from the top of the mountain.* Dyma Corinna'n rhedeg allan o resi'r cên. *When
they blast from the top of the mountain, it sounded something kinda like this to me.* A
dyna fe'n bwrw'i figyrnau'n rat-at-at-at ar gorff y gitâr. Mae Corinna wedi
marw. Mae ei dihangfa drosodd. *They knocked her down right there!*

Mae'r gân drosodd. Mae J. W. Warren yn chwerthin yn dawel ac yn
anadlog.

* * *

Wrth wrando ar ganeuon neu ddarllen cerddi sy'n dod o'n diwylliant ein hun-
ain, byddwn yn chwistrellu iddynt drwyth o deimladau, agweddau, profiadau
a hanes – rhai ohonynt yn bersonol, rhai eraill yn dorfol – sydd wedyn yn
llunio ein hymateb iddynt. Fynychaf, fe wnawn hyn yn hollol ddiarwybod a
digymell oherwydd ein bod yn byw ein diwylliant o'r tu mewn; mae'n rhan
annatod ohonom. Bydd y canwr/cantores neu'r bardd yn tynnu ar yr elfennau
cydrannol hyn yn ein bywydau, ac er na chânt eu cofnodi'n fanwl mewn un-
rhyw gerdd na chân, byddant yno fel cwlwm rhwng yr artist â'r gynulleidfa,
fel maes magnetig, anweladwy.

Wrth droi at gelfyddyd diwylliant arall, ni fydd y cwlwm hwn gennym.
Edrychwn arno o'r tu allan. Efallai y cawn ein cyffroi gan y gerddoriaeth a'r
farddoniaeth, ond os byddwn am rannu peth o'i hystyr ddyfnach – y cysein-
iant sy'n gynhenid i'r person y tu mewn i'r diwylliant dan sylw – yna, rhaid
inni chwilio am fynedfa arall drwy wneud ymdrech ymwybodol.

O'i ddeall yn iawn, mynedfa o'r fath yw 'The Escape of Corinna', sy'n
dadlennu inni agweddau creulon ar fywyd duon y Deheubarth yn ogystal â
pheth o'i gyfoeth.

Mae *blues* llafar J. W. Warren yn rhan o draddodiad hir o ganeuon am
droseddwyr sy'n dianc o garchar. Dichon fod gwreiddiau'r caneuon hyn (er na

wn am unrhyw dystiolaeth uniongyrchol) i'w darganfod yn hanesion y duon hynny a ddihangodd o gaethwasiaeth yn y bedwaredd ganrif ar bymtheg. Recordiodd Vera Hall y gân 'Another Man Done Gone' ar gyfer Llyfrgell y Gyngres ym 1940. Fe'i cenir yn ddigyfeiliant, pob pennill yn llinell unigol sy'n cael ei hailadrodd bedair o weithiau, mewn cyfres ddisgyn. *Another man done gone*, mae'n dechrau. *He's from the county farm* (sef y fferm garchar). Gall y troseddwr di-enw sefyll dros bawb yn yr un cyflwr:

> *I didn't know his name*
> *I didn't know his name*
> *I didn't know his name*
> *I didn't know his name.*

Mae'r canwr, fel J. W. Warren, yn sefyll ar yr ymylon, yn sylwedydd, ac yn dyst – er nid yn yr ystyr gyfreithiol:

> *He had a long chain on*
> *He had a long chain on*
> *He had a long chain on*
> *He had a long chain on.*

Mae'r llais unigol, digyfeiliant yn ailadrodd yr un ddelwedd syml mewn graddfa ddisgyn, ac fe'n llethir bron gan gydymdeimlad a thrueni. Gallwn weld y ffigwr yn cael ei erlid ar draws y wlad rywle yn nhaleithiau'r De.

Chwe blynedd yn ddiweddarach, roedd John ac Alan Lomax, hefyd ar gyfer Llyfrgell y Gyngres, wedi recordio carcharor a chanddo'r llysenw 'Lightning' ynghyd â giang o garcharorion ar Fferm Garchar Darrington, Sandy Point, Texas. Roedd y giang yn torri coed i rythm cân waith a oedd yn sôn am ddihangfa chwedlonol dyn o'r enw Long John. Mae Lightning, y prif ganwr, yn canu pob llinell, sy'n cael ei hailadrodd wedyn gan weddill y giang. Yng nghanol yr ailadrodd bydd y bwyeill yn taro'r boncyffion gyda'i gilydd (dynodir pob trawiad fan hyn gan farc hytraws (/)).

Mae Long John wedi dianc ac fel yn stori Corinna, mae'r helgwn ar ei drywydd.

> *Says-uh, Come on gal*
> Says-uh/Come on gal
> *And-uh shut that do'*
> And-uh shut/that do'

Caneuon gwaith wrth
logio: carchardy Parchman.

> *Says the dogs is comin*
>> Says the dogs/is comin
> *And I got to go*
>> And I got/to go.

Mae Long John wedi ymlâdd a'i wynt yn ei ddwrn:

> *Well-a two, three minutes*
>> Well-a two/three minutes
> *Let me catch my win'*
>> Let me catch/my win'
> *In-a two, three minutes*
>> In two, three/minutes
> *I'm gone again*
>> I'm gone/again.

Mae angerdd y gân yn cynyddu wrth iddi fynd yn ei blaen, y dynion yn eu gyrru'u hunain ymlaen yng ngwres tanbaid Texas, y bwyeill yn syrthio ac yn brathu'n ddwfn i'r pren, o dan lygad barcud y 'Capten', y gwarcheidwad arfog gwyn. Crescendo o leisiau a thrawiadau bwyeill yw pob cytgan:

> *He's L o n g John*
>> He's L o n g/John
> *He's l o n g gone*
>> He's l o n g/gone
> *He's l o n g gone*
>> He's l o n g/gone
> *He's l o n g/gone*
>> He's l o n g/gone.

Arwr y carcharorion yw Long John. Yn wahanol i'r dyn mewn cadwynau yng nghân Vera Hall; yn wahanol i Corinna, sy'n cael ei saethu fel ci; yn wahanol i'r carcharorion eu hunain sy'n treulio blynyddoedd maith fel caeth-weision yn un o ffermydd carchar y De, mae Long John yn dianc, dan chwerthin am ben y siryf a'i ddirprwyon:

> *With his long clothes on*
>> With his long/clothes on

Just a-skippin through the corn
Just a-skippin/through the corn . . .

*   *   *

Efallai na fyddai J. W. Warren a'i gynulleidfa erioed wedi clywed 'Another Man Done Gone' neu 'Long John', ond byddai'r caneuon hyn wedi taro deuddeg yn syth fel rhan o'r un traddodiad a fu'n gyfrifol am lunio *blues* llafar Warren: roedd y carcharor dihangol yn sumbol o anghyfiawnder cyffredinol ac o herio'r anghyfiawnder hwnnw.

Ond braidd gyffwrdd yr ydyn ni â gwir ystyr cân ryfeddol Warren drwy ddweud peth felly. Llofrudd yw Corinna, ond pa fath o lofrudd? *She had killed*, meddai Warren, *her mother, her father, grandmother and a l l of her ancestors*. Ar unwaith y mae'r hyn a allasai fod yn llofruddiaeth deuluol drychinebus yn troi'n rhywbeth dirgel; sut y gallai hi fod wedi lladd ei chyndeidiau i gyd?

Yna, sonnir yn fras am gymhellion, ac rydyn ni'n dechrau sylweddoli ei bod yn byw ar y ffin rhwng realaeth a sumbolaeth. *She didn't have no reason at all*. Dyma adlais o gyffes llawer iawn o lofruddwyr torfol. Ar ôl i'r holl drais gael ei ddisbyddu ohonynt, maen nhw'n hollol luddedig, ac yn methu â chynnig unrhyw esboniad am eu gweithredoedd. Ond dyma'r union fan lle y mae'r canwr yn ychwanegu'r geiriau *She just had a m i n d to do these things* – a'r gair *mind* yn cael ei ymestyn gan wrthgyferbynnu'r gosodiad cyntaf, fel pe bai yna ryw *fwriad* cudd, hirddisgwyliedig. Yr un pryd, bron nad oes yna ryw oglais i'w glywed yn y gân, yn ein procio i ystyried y geiriau, i edrych yn fanylach ar y ffin aneglur yma rhwng ein byd ni a byd sumbolaidd y celfyddydau lle mae Corinna'n bodoli.

Dim ond yn raddol, fe greda i, y bydd y gwirionedd yn dechrau gwawrio ar rywun o'r tu allan, sef mai gwir 'trosedd' Corinna yw ei bod yn ddu, ac mai gweithred sumbolaidd yw lladd ei theulu a'i chyndeidiau mewn ymdrech i ymddihatru o'r hyn a etifeddodd – sef lliw ei chroen – sy'n gyfrifol am y ffaith ei bod wedi'i geni i fyd gormesol. I bobl dduon o genhedlaeth J. W. Warren a'u cyndeidiau, un fferm garchar fawr oedd Deheubarth hiliol y gwynion; roedd pawb mewn ffordd yn cael eu geni mewn carchar.

Bydd y rhwystredigaeth ddofn yma'n dod i'r brig yn aml yn y *blues* drwy ddelweddau o drais ac o lofruddiaeth:

> *I believe I'll buy me*
> *a graveyard of my own . . .**

canai Furry Lewis yn 'Furry's Blues' (1928) – y teitl yn dangos bod y canwr yn gweld y *blues* arbennig yma'n ymwneud ag ef yn bersonol –

> *I'm goin to kill everybody*
> *that have done me wrong.*

A dyma linellau cyntaf 'Kelly's 44 Blues', a genir gan Roosevelt Sykes o dan y ffugenw Willie Kelly (1930):

> *Lord I said 'Good morning Mister Pawnshop Man'*
> *as I walked in his door . . .*
> *I said 'I feel bad this morning*
> *and I really wants my 44.'*

Mae'r canwr ei hun drwy gyfrwng geiriau'r *blues* yn reit agos at y llinell denau yma rhwng sumbol a realiti. Ffurf bersonol yw'r *blues* bob amser sy'n mynegi teimladau'r canwr er na fydd o angenrheidrwydd yn hunangofiannol yng ngwir ystyr y gair. Fodd bynnag, gall caneuon fod mor real i'r gynulleidfa nes y byddant yn credu mai 'myfi' y gân yw'r canwr ei hun. Fyddai Roosevelt Sykes ddim yn cario gwn, ond ar ôl perfformio y '44 Blues', byddai pobl yn dod ato gan ofyn cael gweld ei .44. Unwaith, pan fues i'n gyrru yng nghwmni'r pianydd Booker T. Laury yn Memphis, gofynnodd imi agor y blwch o flaen sedd y teithiwr. Yno, roedd refolfer baril hir, lliw arian, 'jest rhag ofn', meddai. Llinell denau, yn wir!

Yn 'The Escape of Corinna' daw yr heddlu at J. W. Warren a'i holi'n ymosodol: *Well, have you seen Corinna?* Dim ond sefyll wrth y gongl oedd y canwr. Byddai hynny'n ddigon o drosedd i berson du yn y De. Gallai heddlu gwynion, wedi'u cynddeiriogi gan ddihangfa Corinna, ddial ar y person cyntaf a welent yn y gymuned ddu. Nid yw'r canwr yn dweud dim wrthynt ond *Dog-*

---

* Weithiau, mewn *blues* sy'n defnyddio'r ffurf AAB yn eu penillion, rwy wedi hepgor yr ail linell sy'n cael ei hailadrodd (a ddangosir gan elipsis (...)). Wrth ganu, bydd yr ailadrodd yn atgyfnerthu'r ystyr mewn ffordd rymus; ond ar y tudalen printiedig, gall ymddangos yn ddiffrwt braidd. Mae gosodiad indentiedig y llinellau (rhaniad hollol fympwyol mewn barddoniaeth nad yw ar gael mewn ffurf ysgrifenedig), i fod i ddynodi seibiannau a thoriadau sylweddol yn y gân.

Pobl dduon o flaen siop
Vicksburg, Mississippi,
1936.

gone her soul! Mae'r geiriau amwys hyn yn cael eu dehongli mewn gwahanol ffyrdd gan yr heddlu a'r gynulleidfa. Mae'r canwr *blues*, fel ei gynulleidfa, yn byw mewn byd llawn arwyddion diwylliannol a chanddynt ystyr ddwbl, lle y bydd y canwr yn dweud un peth wrth *Mr Charlie* neu *The Man* (sef unrhyw ddyn gwyn) a rhywbeth arall wrth ei bobl ei hun, er y gall y geiriau swnio'r un fath. *You can read my letter*, meddai'r cantorion cynnar, *but you sure can't read my mind.*

Yn 'The Escape of Corinna' bu'r canwr yn lwcus. Ni chafodd ei ddal. Ond nid dyna'r hanes bob amser.

> *Early one morning*
> *   when I was on my way home . . .*

medd Blind Blake ar ddechrau 'Third Degree Blues', a recordiwyd ym 1929,

> *A policeman walked up*
> *   and caught me by the arm.*
>
> *I told him my name*
> *   and he wrote it down . . .*
> *He said come with me*
> *   this is your last night runnin around.*
>
> *I took him at his word*
> *   and didn't have nothin to say . . .*
> *I thought they would have*
> *   my trial the very next day.*

Ond nid yw Blind Blake (neu *alter ego* y canwr) mor lwcus â J. W. Warren. Does gan yr heddlu ddim bwriad i ddwyn achos yn ei erbyn. Wedi'r cwbl, wnaeth e ddim byd. Ei unig drosedd yw bod yn ddu.

> *On the third morning*
> *   about half-past three . . .*
> *They beat me and kicked me*
> *   and put me through the third degree.*
>
> *They put me in a cellar*
> *   without my clothes and shoes . . .*
> *That's why I'm screamin*
> *   I've got the third degree blues.*

Mewn byd lle y gall sefyll ar y gongl neu gerdded y stryd fod yn 'drosedd', gall perchenogaeth gwn ymddangos yn ffordd o ennill grym a pharch.

Dyma ymffrost Roosevelt Sykes yn 'Kelly's 44 Blues':

> *Lord the policemen walks around me*
> *Lord both night and day . . .*
> *When they know I've got my 44*
> *they won't have a word to say.*

Eto i gyd, ceir teimlad o anobaith tu ôl i'r *blues* yma hefyd. Mae ar Sykes eisiau ei wn oherwydd ffrae mewn parti y noson gynt. Mae ar ei ffordd i dalu'r pwyth yn ôl, *I might have some shootin to do.* Caiff y gwn ei droi ar un o'i bobl ei hun. Gellir ystyried y lladd sy'n digwydd fel rhyw fath o hunanladdiad. Fel pe bai'n sylweddoli hyn – y ffaith nad yw grym ymddangosiadol y refolfer yn dda i ddim – daw'r gân i ben ar nodyn o rwystredigaeth ddigyfeiriad, yn fygythiad – a'r cwbl yn drech na'r canwr:

> *Well I made it up in my mind*
> *and I really don't care how I go . . .*
> *Before I be mistreated*
> *I'm goin to shoot my 44.*

Felly hefyd yn achos Furry Lewis, sydd eisiau, yn ôl 'Furry's Blues', fynwent gyfan i gladdu pawb sydd wedi'i bechu. Yn y pen draw mae ei rwystredigaeth yn troi i mewn arno ef ei hun. Mae ei gariad wedi'i gamdrin, a hi sydd i'w lladd:

> *I'm goin to get my pistol*
> *forty rounds of balls . . .*
> *I'm goin to shoot my woman*
> *just to see her fall.*

Dyma gylch dieflig y gymdeithas anghyfiawn. Yn yr Unol Daleithiau yn ystod y ganrif yma, mae'r rhan fwyaf o droseddau treisiol a gyflawnir gan y duon yn digwydd yn eu cymunedau eu hunain. Gall rhwystredigaeth blynyddoedd o ddioddef sen, rhagfarn a darostyngiad ffrwydro'n filain ac yn ddirybudd oddi mewn i'r gymuned yn hytrach nag yn erbyn y gormeswyr.

Yn ôl goganu Furry Lewis yn 'Furry's Blues':

> *If you want to go to Nashville*
> *man, ain't got no fare . . .*

Cut your good girl's throat
and the judge will send you there.

*   *   *

Caneuon ac atgofion fel hyn, am sen a sarhad anghyfiawnder hiliol, fyddai'n ysbrydoli meddyliau cynulleidfa J. W. Warren yn Ariton, Alabama, wrth wrando ar 'The Escape of Corinna'. Caneuon ac atgofion sy'n ffurfio'r 'maes magnetig' yna y mae'n rhaid i wrandawyr o'r tu allan geisio'u deall a'u dirnad drwy'r dychymyg. Dim ond fel hyn y gallwn ddod yn nes at deimlo beth yw gwir ystyr y *blues*.

A ddihangodd Corinna, fel yr awgryma'r teitl? Cwestiwn diystyr, ynte? Oni chafodd ei saethu gan yr heddlu – o flaen *firing squad*, chwedl J. W. Warren? Oni fu farw mewn cawod o fwledi?

Ar ddiwedd ei gân, mae J. W. Warren yn chwerthin yn dawel fach wrtho'i hun. Roedd yn berfformiad tan gamp – ac fe ŵyr hynny'n iawn – llwyfan ber-ffaith iddo ddangos ei dechneg ar y gitâr lithr; drama fawr wedi'i chrynhoi i chwe munud o gân. Mae'r effaith ar y diwedd yn rhyfedd, gan beri teimlad dyrchafol i'r gwrandawr. Mae tranc ffoadur truenus yn cael ei drawsnewid wrth i gelfyddyd J. W. Warren droi Corinna'n arwres. Fel yn niwylliant y *blues* yn gyffredinol, mae yna baradocs, a hyd yn oed gwrthddywediad wrth wraidd y gân. Ni all neb ddianc rhag eu gorffennol. Ni ellwch 'ladd' eich cyndeidiau. Mae eu cynhysgaeth enetig a diwylliannol yn rhan annatod ohonoch.

O edrych arni fel hyn, mae tynged Corinna'n drasig iawn. Fe'i saethir gan gynrychiolwyr y system ormesol a orfu iddi gyflawni'i 'throsedd', ond gellir dadlau iddi hefyd gyflawni rhyw fath o hunanladdiad ysbrydol wrth *geisio* di-arddel neu 'lofruddio' ei pherthnasau a'i chyndeidiau. Ond mae J. W. Warren yn deall y tyndra a'i gyrrodd i wneud hyn *(When you got a bad break like I had you doubt yourself, you know it's tough, man!)*. Ac ar ddiwedd y perfformiad dewrder Corinna nas gorchfygir ond gan fwledi a'n dealltwriaeth o'i chyfyng-gyngor sy'n aros yn y cof.

3

Gwreiddiau

Charley Patton, ganed tua 1891. Big Bill Broonzy, ganed 1893. Blind Blake, ganed tua 1890-5. Tommy Johnson, ganed 1896. Blind Lemon Jefferson, ganed 1897. Willie Brown, ganed 1900. Ishmon Bracey, ganed 1901. Blind Willie McTell, ganed 1901 . . . Dyma rai o'r genhedlaeth gyntaf o *bluesmen* i'w recordio – pob un ohonynt wedi'u geni o fewn degawd i'w gilydd.

Gwyddom fodd bynnag nad y rhain oedd y *bluesmen* cyntaf oll. Diolch i waith ymchwil David Evans ac eraill, gwyddom i Charley Patton ddysgu canu'r gitâr *blues* gan gerddorion hŷn yng nghyffiniau planhigfa Joe Rice Dockery yn ardal y Delta, Mississippi, ar ôl i deulu Patton symud yno tua 1901-4. Gwyddom enwau rhai ohonynt; rhyw Mr Toby, rhywun gyda'r cyfenw Bonds a Henry Sloan, a aned, yn ôl gwybodaeth David Evans, yn Ionawr 1870.

Roedd nith Charley Patton yn gallu cofio pytiau o ganeuon Henry Sloan a glywodd pan oedd yn ferch fach. Fe'u canodd i David Evans:

> *Rooster crowed and the hen looked around*
> *'If you want anything you got to run me down.'*

Pennill o 'Alabama Bound' yw hwn, nid cân *blues* fel y cyfryw ond rhan o draddodiad cerddorol ehangach ac, o bosibl, hŷn yng nghymdeithas y duon, a gedwid ar gof a chadw gan *songsters* fel Papa Charlie Jackson (ganed tua 1890?) a Leadbelly (Huddie Leadbetter, ganed 1889) a recordiodd fersiynau o'r gân uchod. Ond roedd nith Charley Patton hefyd yn gallu cofio pwt bach arall o gân:

> *You see my black cow, tell her to hurry home,*
> *I ain't had no milk since the cow been gone.*

A *blues* ydy hyn'na.

A dyna ddiwedd y trywydd arbennig yma hefyd, oherwydd ni wyddom ddim byd mwy am Henry Sloan, a dim oll, mewn gwirionedd, am Mr Toby a Bonds. Nid ydynt ond enwau anghyflawn yng nghof plentyn. Mae ceisio eu hadnabod fel craffu ar wynebau aneglur mewn hen, hen ffotograff. Efallai mai'r unig beth sydd ar ôl yw rhyw adlais amhendant yn y gerddoriaeth a recordiwyd gan eu disgybl, Charley Patton. Ond, gallwn fod yn weddol sicr mai'r dynion hyn, a rhai tebyg iddynt a aned yn ystod y 1870au ac yn gynnar yn y 1880au, yw'r genhedlaeth a greodd y *blues* fel ffurf gerddorol ar wahân.

Ceir arolwg manwl o'r dystiolaeth am gerddoriaeth werin y duon hyd at 1867 yn *Sinful Tunes and Spirituals* (1977) gan Dena J. Epstein. Mae'n dystiolaeth anghyflawn, yn dod yn bennaf o du'r gwynion a oedd yn rhagfarnllyd am yr hyn a ddewisent ei glywed a'r ffordd y byddent yn ei ddehongli. Ond does dim byd yn llyfr Dena Epstein sy'n ymdebygu i *blues*.

Yn hunangofiant W. C. Handy, y trwmpedwr a'r arweinydd band a alwai'i hun yn 'Tad y *Blues*', ceir tystiolaeth bellach mai'r cyfnod rhwng tua 1890 a 1905 a welodd sefydlu traddodiad y *blues*. Ganed Handy, a oedd yn dair blwydd yn iau na Sloan, yn Florence, Alabama ym 1873. Daeth o deulu parchus – hynny yw, crefyddol – a oedd yn anghymeradwyo'n chwyrn ei awydd i fynd yn gerddor. Er gwaetha'r gwrthwynebiad hwn, dysgodd ganu'r trwmped a darllen cerddoriaeth ac, erbyn 1903, roedd wedi ymsefydlu yn Clarksdale yn y Delta yn arweinydd band o naw o gerddorion. Bu'r band yn teithio'n helaeth drwy'r Delta, gan chwarae ar gyfer y gwynion yn ogystal â'r duon, ac mewn llefydd amrywiol iawn, o hwrdy crachaidd yn Clarksdale i lwyfannau etholiadol. Cerddorfa broffesiynol, gonfensiynol oedd band Handy, mae'n debyg, a ganai gerddoriaeth ffasiynol y cyfnod, a honno'n gerddoriaeth o dras wen yn bennaf, gan gynnwys 'gosodiadau' o 'alawon' y Deheubarth.

Un noson ym 1903, roedd Handy yn nhreflan Tutwiler, yn pendwmpian wrth ddisgwyl trên hwyr. Fe'i deffrowyd yn sydyn, mewn mwy nag un ystyr (*life suddenly took me by the shoulder and wakened me with a start*, chwedl Handy yn ei hunangofiant), gan ddyn du arall a oedd hefyd yn disgwyl am y trên. Fel hyn y cofiai Handy'r digwyddiad flynyddoedd yn ddiweddarach:

A lean, loose-jointed Negro had commenced plucking a guitar beside me while I slept. His clothes were rags; his feet peeped out of his shoes. His face had on it some of the sadness of the ages. As he played, he pressed a knife on the strings of the guitar in a manner popularized by Hawaiian guitarists who used steel bars. The effect was unforgettable. His song too struck me instantly.

Goin' where the Southern cross' the Dog

The singer repeated the line three times, accompanying himself on the guitar with the weirdest music I had ever heard. The tune stayed in my mind.

Mae'r darn yma'n ddiddorol tu hwnt. Dyma un o'r disgrifiadau cyntaf o berfformiad *blues* a'r cyntaf, hyd y gwn i, sy'n disgrifio techneg y gitâr lithr sydd (er iddi gael ei defnyddio'n helaeth gan gitaryddion y *blues* o bob math) yn nodwedd arbennig yn nhraddodiad *blues* y Delta.

Ar ben hynny, nid yw Tutwiler ond rhyw bum milltir ar hugain fel yr hêd y frân o blanhigfa Joe Rice Dockery lle, ym 1903, roedd y glaslanc Charley Patton yn dysgu gan Henry Sloan. Roedd y llinell a glywyd gan Handy yn gyffredin yn y rhan honno o'r Delta ac fe barhaodd i fod. *I'm goin where the Southern cross the Dog* – cyfeirio y mae hyn at y man lle byddai Rheilffordd y Deheubarth yn croesi Rheilffordd yr Yazoo-Delta (a adwaenid ar lafar gwlad fel yr *Yellow Dog*). Fe'i defnyddiwyd gan Patton pan recordiodd 'Green River Blues', chwarter canrif yn ddiweddarach ym 1929.

Yr un mor ddiddorol yw ymateb Handy i'r hyn a welodd ac a glywodd. Er bod y *blues* hyn yn ei atgoffa o bytiau digyswllt o ganeuon a glywsai ymhlith y gweithwyr ar y caeau, doedd 'Tad y *Blues*' erioed wedi gweld neb yn canu'r gitâr lithr (a briodolir yn anghywir ganddo i dechneg y gitâr Hawai-aidd). I Handy, cerddor a ymfalchïai yn ei allu i ddarllen cerddoriaeth, roedd y gerddoriaeth a glywsai yn Tutwiler yn swnio'n '*weird*' – ansoddair cyffredin gan y gwynion hynny a luniai hysbysebion ar gyfer y diwydiant recordio tua diwedd y 1920au. *He learned to play a guitar, and for years he entertained his friends freely – moaning his weird songs as a means of forgetting his afflictions* oedd chwedl hysbyseb yn hyrwyddo Blind Lemon Jefferson ym 1927.

Hen sychbren oedd Handy ar y gorau, ac roedd yn amheus iawn o'r *blues*.

I hasten to confess that I took up with low folk forms hesitantly. I approached them with a certain fear and trembling. Like many of the other musicians who received them with cold shoulders at first, I began by raising my eyebrows and wondering if they were quite the thing.

Fodd bynnag, newidiwyd ei agwedd yn llwyr yn ystod cyngerdd yn nhref Cleveland yn y Delta. Roedd y gerddorfa wrthi'n mynd drwy'i detholiad arferol o gerddoriaeth sgôr ar gyfer cynulleidfa o bobl dduon, pan yrrodd rhywun nodyn yn gofyn a fedrent ganu peth *of our native music.* Yn ddigon arwyddocaol, doedd Handy ddim yn siŵr beth i'w wneud, *The men in this group could not 'fake' and 'sell it' like minstrel men. They were all musicians who bowed strictly to the authority of printed notes.* Felly, dyna Handy'n taro'r hyn a alwai'n hen alaw o'r Deheubarth – *a melody more sophisticated than native.* Ond nid dyma beth oedd gan yr aelod anhysbys o'r gynulleidfa dan sylw o gwbl. *A few moments later a second request came up. Would we object if a local colored band played a few dances?*

Yn falch o'r esgus, dyma fand Handy'n sefyll yn ôl i adael lle i'r 'band' lleol o dan arweiniad *a long-legged chocolate boy* ac a oedd yn cynnwys *a battered guitar, a mandolin and a worn-out bass.* Hyd yn oed yn ei hunangofiant a ysgrifennwyd flynyddoedd yn ddiweddarach, ni all 'Tad y *Blues*' guddio'i ddirmyg:

The music they made was pretty well in keeping with their looks. They struck up one of those over-and-over strains that seem to have no very clear beginning and certainly no ending at all. The strumming attained a disturbing monotony, but on and on it went, a kind of stuff that has long been associated with cane rows and levee camps. Thump-thump-thump went their feet on the floor. Their eyes rolled. Their shoulders swayed. And through it all that little agonising strain persisted.

Wrth eu gwylio, roedd Handy'n amau a fyddai'r gerddoriaeth o ddiddordeb i neb *besides small town rounders and their running mates.* Ond cafodd ei synnu.

A rain of silver dollars began to fall around the outlandish, stomping feet. The dancers went wild. Dollars, quarters, halves – the shower grew heavier and continued so long I strained my neck to get a better look. There before the boys lay more money than my nine musicians were being paid for the entire engagement.

Then, meddai Handy yn gwbl ddiniwed, *I saw the beauty of primitive music.*

Gussie Tobe yn canu 'The Ohio River Bridge'. O'r chwith i'r dde: 'Little Son' Jefferson, James 'Son' Thomas a Gussie Tobe, 'Moonshine' yn eistedd ar y llawr.

Gallwn ffarwelio â W. C. Handy yn y fan hon. *That night*, meddai amdano'i hun, *a composer was born* ac fe ychwanegodd *an American composer*. Aeth Handy ati i dacluso'r *blues* a chofrestru ei hawlfraint arnynt. Fe oedd y cyntaf i werthu cerddoriaeth y duon (wedi ei glastwreiddio) yn Tin Pan Alley.

*   *   *

Handy oedd y cyntaf, hyd y gwyddom, i ddisgrifio band *blues* wrthi'n per-fformio ac i gyfleu rhywfaint o awyrgylch *juke joint* ar nos Sadwrn. Hefyd, er gwaetha'i holl snobyddiaeth, roedd yn fab i rieni a aned yn gaethweision, ac er ei fod yn edrych lawr ei drwyn ar *low folk forms* ei bobl, roedd yn ddigon cyfar-wydd â nhw ers dyddiau'i blentyndod i nabod gwreiddiau pwysica'r *blues* yn yr *hollers* (neu *arhoolies*) a chaneuon gwaith gweithwyr amaethyddol duon y bedwaredd ganrif ar bymtheg.

Roedd caneuon gwaith yn gyffredin yn amaethyddiaeth lafurddwys y bedwaredd ganrif ar bymtheg a dechrau'r ugeinfed ganrif. Dyma un o'r ychydig olion o ddiwylliant Affrica a hyrwyddwyd gan berchenogion y caeth-weision fel ffordd dda i gydgordio gwaith yn y caeau. Cedwid y caneuon hyn yn fyw hyd yn ddiweddar yn amgylchiadau artiffisial carchardai'r Deheu-barth lle y câi troseddwyr eu trin fel caethweision bron. Ar ffermydd carchar enwog fel Parchman, Mississippi a Cummins, Arkansas, roedd y pwyslais ar lafur caled. Mae caneuon y carchardai hyn wedi'u recordio'n helaeth o ddech-rau'r 1930au ymlaen.

Recordiodd Alan Lomax griw ym 1947 wrthi'n *chopping cotton* – sef chwynnu rhwng rhesi diddiwedd y cotwm, gan ddefnyddio hofiau coes hir. Mae'r gân fel cymaint o ganeuon gwaith a *blues* yn cynnwys nifer o themâu ac yn diweddu gyda sylw bachog am y gwaith ei hun, wrth i'r carcharorion godi a gostwng yr hofiau o fore gwyn tan nos. Dynodir sŵn yr hofiau'n taro'r ddaear yn yr un modd ag yn y gân am dorri coed, 'Long John', sef â llinell hytraws (/). Mae'r hofiau'n syrthio mewn rhythm cyflym, gan drawsacennu lleisiau'r giang. Nid yw cysondeb y curiad mor amlwg mewn print, ond wrth ganu'r geiriau mae gan bob cymal yr un gwerth:

Well you raise em up higher/let em/let em drop on down/well/
Well you raise em up higher/let em/oh drop on down/well/
Well you raise em up higher/let em/let em drop on down/well/
Well you won't know the difference/when the/when the sun go down/well/
When the sun go down/baby/when the sun go down/well/
Well you won't know the difference/when the/when the sun go down/well/

Ond doedd dim rhaid cydgordio pob math o waith yn y caeau. Wrth aredig neu yrru mulod neu pan fyddai'r gweithwyr ar wasgar yn pigo cotwm, yna, efallai y byddai rhywun yn taro *arhoolie* – llais unigol, digyfeiliant na fyddai'n canu hwyrach ond un llinell drosodd a throsodd. Mae Handy'n cofio clywed

Chopping cotton – chwynnu
rhwng rhesi'r cotwm:
carchardy Parchman.

dyn yn aredig pan oedd yn fachgen tua diwedd y 1870au, ei lais yn atseinio o tua chwarter milltir i ffwrdd drwy awyr lonydd y gwanwyn: *A-o-oo – A-o – I wouldn't live in Cai-ro-oo – A-o-oo – A-o-oo.* Roedd y dyn yn canu am Cairo, Illinois, ac mae Handy'n cofio pendroni am ystyr y geiriau. A oedd Cairo yn rhy bell i'r de yn Illinois i fod 'i fyny yn y Gogledd'(ac felly'n ddiogel i bobl dduon), neu'n rhy bell i'r gogledd i fod 'i lawr yn y De'?

Ond mae cant a mil o amrywiadau ar *holler*. Gall fod yn rhyw fath o sylwebaeth fanwl, heb ffurf benodol, ar brofiadau a theimladau'r canwr. Dyfynna Dena J. Epstein eiriau pregethwr o Philadelphia, John Dixon Long, a ddisgrifiodd *holler* a glywodd yn y 1850au. Roedd y canwr yn gyrru fen mewn cae a heb sylweddoli bod neb yn ei wylio:

> *William Rino sold Henry Silvers;*
> *Hilo! Hilo!*
> *Sold him to de Georgy trader;*
> *Hilo! Hilo!*

Pigo cotwm, Lehi, Arkansas.

His wife she cried, and children bawled;
Hilo! Hilo!
Sold him to de Georgy trader;
Hilo! Hilo!

Gallwn fod yn sicr mai fersiwn syml a chonfensiynol o'r hyn a glywodd Long yw hon, ac y byddai *Hilo! Hilo!* y canwr mewn gwirionedd yn gyfres o glisandi, riffiau, gwawchiadau *falsetto* a *hollers*, â'u hyd a'u hamseriad yn amrywio'n fawr. Y rhain oedd rhai o brif nodweddion yr *arhoolie*, a doedd dim modd eu hadysgrifennu'n fanwl gywir.

Ar yr un daith i Parchman ym 1947, recordiodd Alan Lomax *holler* gan garcharor a lasenwyd yn Tangle-Eye oherwydd bod llygaid croes ganddo. Yn ôl Lomax, byddai gan bob canwr gwerth ei halen ei *holler* personol a ganai i'w gysuro'i hun pan fyddai yn y felan. Roedd gan Tangle-Eye lais tenor ysgafn ac wrth wawchio, griddfan a gweiddi'r gân, mae ei lais yn aml yn cael ei fwrw i'r *falsetto*. Cân ara deg yw hi, y geiriau a'r gerddoriaeth yn benagored wrth iddo chwilio am ffordd i fynegi'i ing – ing carcharor mewn carchar a oedd ym 1947 y gwaethaf o'i fath yn nhalaith fwyaf ffiaidd y De.

Griddfan hir sy'n dechrau'r gân ar raddfa ddisgyn, *Mmm – hmmmmmm – mmmm . . . ho, ho, Lord*, sy'n troi o'r diwedd yn gwestiwn:

> *Well I wonder will I ever get back home?*
> *Hey-hey, oo-hoo, o, Lord*

Cyn ceisio cynnig esboniad:

> *Well it must have been the Devil that fooled me here,*
> *Hey, hey-hey, for I'm all down and out.*

Rhaid i Tangle-Eye oroesi'i gyfnod yn y carchar, carchar lle y byddai'r carcharorion yn aml yn niweidio'u hunain drwy dorri llinyn y gar neu fysedd eu traed neu'u dwylo i ffwrdd er mwyn osgoi'r llafur didostur yn y caeau; lle y byddai'r 'capteniaid' yn colbio ac yn lladd yn aml, a hynny'n hollol ddifeddwl. Felly, mae ei feddwl yn troi tua'i gartref, fel nod, fel rhywbeth iddo ddal gafael ynddo:

> *Ay-hey, o, Lord*
> *Lord if I ever get back home, I'll never do wrong –*
> *Well if I can just make it home*
> *I won't do wrong no more*
> *Lord, I won't do wrong no more*

Ond i'r carcharor mae meddwl am ei gartref yn brofiad creulon, chwerwfelys: *Mmmm – hmmmm –*

> *Lord I left Mae Willie and the baby, in the courthouse cryin*
> *'Daddy please don't go . . .'*

Bellach, yn ei feddwl, mae yn ôl yn y llys, ar ôl ei ddedfryd, ac mae'n canu'i ymateb – gan addo ac yn ymbil:

> *Lord I'll be back home*
> > *Well Lord I'll be home one day 'fore long*
> *Just wait for me –*

Wrth feddwl amdanynt yn aros, daw ei feddwl yn ôl at realiti'i sefyllfa bresennol fel carcharor tymor-hir yn Parchman: *Mmmm – hmmmm – Lord I been here rollin for the state so long* . . . Yna, mae'n torri –

> *Lord I'm all down and out*
> *My friend won't come to see*
> *Lord what's done happen to me*

Mae'r llais yn suddo ar y gair *me*, gan godi drachefn i riddfan: *Mmmmm – hmmmm –*

> *Lord if I'd-a listened to what my dear old mother said*
> *Hey –*
> > *Boys she's dead an gone*

Gall meddwl felly dorri ysbryd rhywun yn llwyr. Mae Tangle-Eye yn ail-adrodd y llinell, yn fwy pendant y tro yma: *Lord, Lord, she's dead an gone* . . .; ac mae'r gân yn diweddu ar *falsetto* sy'n disgyn, *Whoo – whoo*, a'r cwestiwn terfynol *What I'm gonna do now?* … cwestiwn nad oes modd ei ateb.

Rwy wedi ceisio cyfleu peth o harddwch a champwriaeth gerddorol y gân ynghyd â'i grym emosiynol. Ond tasg amhosibl yw hi. Rhaid clywed y gân a gwrando arni. Fe'i ceir ar *Murderers' Home*, casgliad o *hollers*, caneuon gwaith a *blues* a recordiwyd gan Alan Lomax ym 1947 yn Parchman – un o'r recordiau dogfennol pwysicaf o gerddoriaeth y duon i'w chyhoeddi erioed.

*   *   *

Ar y record *Murderers' Home*, 'Tangle-Eye Blues' yw'r enw a roddir ar gân Tangle-Eye – enw Lomax arni'n ddi-os, gan mai yn bur anaml y byddai cantorion yn rhoi teitlau i ganeuon o'r fath. Mae'n hawdd gweld pam bod Lomax wedi dewis y teitl yma oherwydd bod llawer iawn o naws y *blues* yn perthyn iddi yn ei sentiment a'i brawddegu cerddorol. Yn ffurfiol, beth bynnag, mae'r gân yn fwy penrhydd o lawer na'r *blues*. Mae Lomax wedi adysgrifennu'r geiriau mewn penillion, pob un yn dechrau gyda'r sŵn griddfan *Mmmm – hmmmm*. Mae'n wir bod Tangle-Eye yn dychwelyd at y cymal yma'n weddol reolaidd, ond fel hoe cyn lansio i mewn i gyfres arall o linellau afreolaidd iawn nad oes modd rhagweld eu ffurf felodig, sy'n symud yr un mor benrhydd â meddyliau a theimladau'r canwr. Dim ond unwaith y ceir odl –

> *My friend won't come to see*
> *Lord what's done happen to me*

a hynny fel pe bai hollol ar hap. Yn sicr, nid yw'r odl yma'n rhan annatod o drefn penillion ac odl, fel y byddai pe bai'n *blues*. Yn anad dim, *field holler* nodweddiadol yw cân Tangle-Eye, ar begwn cerddorol hollol wahanol i'r gân waith gyda'i rhythm trawsacennog, pendant a phatrwm galw-ac-ateb ailadroddus (fel sydd yn 'Long John'), sydd, gan amlaf, yn diweddu mewn odl i ffurfio penillion. Y tebyg yw bod rhaid chwilio am wreiddiau'r *blues* lle mae'r ddwy ffurf yma'n ymdoddi, rywbryd tua diwedd y bedwaredd ganrif ar bymtheg.

Pam ar yr adeg arbennig yma? Pam nad yn gynharach, gan fod caneuon gwaith ac *arhoolies* yn amlwg yn nodweddu cerddoriaeth y duon yn ôl yn amser y caethweision?

Mae'n amlwg nad oes ateb syml. Fodd bynnag, pan ryddhawyd y caethweision, roeddent yn rhydd i symud o fan i fan ac – er gwaethaf cyfyngiadau tlodi affwysol a rhwystrau cynyddol deddfwriaeth Jim Crow – roedd ganddynt fwy o ryddid mewnol hefyd i feddwl ac i deimlo ac i fodoli; mwy o ryddid felly i fynegi'r fodolaeth honno drwy gyfuno cerddoriaeth a barddoniaeth yn y ffurf a adwaenir bellach fel y *blues*. Yn fy marn i, mae hyn yn mynd rhan o'r ffordd i esbonio'r pwyslais ar y 'fi' hyfyw sy'n nodweddu'r *blues* – fel hunanddathliad ar ran y canwr neu'r gantores.

Law yn llaw â hyn, cafwyd newid yn yr hoff offerynnau a ddefnyddid. Yn y bedwaredd ganrif ar bymtheg, y banjo a'r ffidil oedd y ddau offeryn a ddefnyddid mwyaf gan gerddorion duon. Goroesodd y rhain ymhell i mewn i gyfnod y *blues*. Byddai Gus Cannon a Papa Charlie Jackson ill dau'n canu'r banjo, ac roedd y ffidil yn gyffredin yn y bandiau *blues* llinynnol yn y 1920au. Ond offerynnau pwysica'r *blues* yw'r gitâr, y piano a'r organ geg – yn arbennig y gitâr.

Unwaith eto, ni ellir ond dyfalu ynglŷn â'r rhesymau am y newid yma. Offeryn heb fawr o gyseiniant yw'r banjo; ni ellir dal y nodyn ac felly rhaid i'r cerddor fabwysiadu techneg *arpeggio* sydyn. Ond mae'r gitâr yn offeryn cyseiniol iawn; gellir dal nodau a gall y gitarydd dynnu'r tannau ar draws y ffret â'i law chwith (*choke*) i greu sŵn ubain, estynedig. Gellir ymestyn y sŵn arbennig yma ymhellach drwy diwnio'r offeryn yn agored a defnyddio llafn gyllell neu wddf potel.

Rwy wedi sôn eisoes sut y cyfeirir weithiau at y gitâr fel ail 'lais' gan ddynion y *blues*. Bydd y gitâr yn aml yn gwrthbwyntio'r llais yn y bylchau rhwng llinellau'r gân, ac nid yw'n anarferol, yn enwedig ymhlith gitaryddion llithr, i dorri'r llais a chanu llinell neu hanner llinell drwy chwarae'r alaw ar y tannau trebl gan ei thrawsgyweirio fel llais, (fel y gwna J. W. Warren yn 'The Escape of Corinna').

Mae'n hawdd gweld pam y disodlwyd y banjo gan y gitâr wrth i'r *blues* ddatblygu ar sail posibiliadau rhythmig a mynegiadol y gân waith a'r *field-holler*, gan ymsefydlu yn brif gerddoriaeth amser hamdden duon y Deheubarth.

*   *   *

Ond sut oedd y *blues* cynnar yma'n swnio? Oedd yna lawer iawn o wahaniaeth rhyngddynt a *blues* y genhedlaeth gyntaf a recordiwyd? Am y rhesymau y soniwyd amdanynt eisoes, mae hwn yn gwestiwn anodd, os nad amhosibl, i'w ateb. Ond o blith y cannoedd o gantorion *blues* i wneud recordiau yn ail ran y 1920au, mae ambell un yn cynnig rhyw syniad inni am sut y buasai'r gerddoriaeth wedi swnio ar droad yr ugeinfed ganrif, a neb yn fwy felly na dyn o'r enw Henry Thomas.

Gelwid Henry Thomas hefyd yn Ragtime Texas ac fe'i ganed ym 1874 (pedair blynedd ar ôl Henry Sloan) yn Upshur County, Texas. Ymddengys ei fod wedi treulio'i fywyd yn drifftio o fan i fan, fel cerddor crwydrol. Pan ddechreuodd yr ysgolhaig gwerin, Mac McCormick, ymchwilio bywyd a cherddoriaeth y crwydryn yn y 1950au, cyfarfu â nifer o bobl a oedd yn cofio Thomas, a chred McCormick efallai iddo gwrdd â'r dyn ei hun yn ddiarwybod iddo yn Houston ym 1949, pan welodd gawr o ddyn yn cerdded ar hyd y stryd â gitâr yn ei law. Ond erbyn hynny roedd hi'n rhy hwyr. Wedi'i lapio o dan haenau o ddillad budron, heb ddant yn ei ben bron, roedd yn gamp i'w ddeall yn siarad hyd yn oed, a phan gytunodd i ganu, roedd y gitâr allan o diwn yn rhacs. Roedd newydd gyrraedd Houston ar y trên, meddai wrth McCormick, ac roedd wedi treulio'r noson gynt o dan bont yn Palestine, Texas. 'Roeddwn wedi cael hyd iddo ychydig flynyddoedd yn rhy hwyr', ysgrifennodd. 'Roedd yn llawer iawn rhy hen i fod yn *hobo* ac i gysgu o dan bontydd. Roedd yn rhy hen i berfformio'n effeithiol. Ond tybed sut y buasai wedi swnio cyn i henaint fynd yn drech nag ef.'

Os hwn oedd Henry Thomas – ac yn ôl tystiolaeth McCormick, ymddengys yn bur debyg mai dyna pwy ydoedd – yna, fe wyddom sut y swniai pan oedd yn ei anterth. Oherwydd rhwng 1927 a 1929, pan oedd Thomas yng nghanol ei bumdegau, roedd Ragtime Texas wedi recordio pedair cân ar hugain ar label Vocalion. Mae'r rhain i gyd, ac eithrio un, ar gael o hyd ar albwm dwbl gwych a olygwyd gan McCormick. Fel y dywed yn ei ragymadrodd, dyma gasgliad sy'n rhoi inni ein golwg mwyaf treiddgar ar y *blues* yn ystod eu cyfnod ffurfiannol.

Mae McCormick wedi dosrannu'r caneuon ar y record fel a ganlyn: un faled, un ymson (*blues* llafar/*talking blues* y byddwn i'n ei alw), dwy gân efengylaidd, pedair cân sy'n gyfuniad o faledi, *blues*, galwadau dawnsio sgwâr a darnau eraill, pum rîl a deg *blues*. Rhaglen *songster* yw hon, rhywun sy'n canu *blues*, ond yng nghyd-destun traddodiad canu sy'n llawer hŷn ac yn fwy eclectig. Dichon y buasai'r caneuon a ganai Henry Sloan ar blanhigfa Joe Rice Dockery yn Mississippi yn bur debyg.

Yr agwedd fwyaf diddorol ar *blues* Henry Thomas yw'r modd y dangosant sut y buasai'r cantorion wedi arbrofi, cyn setlo i lawr i'r hyn a ystyrir bellach yn ffurf 'safonol' y *blues* 12-bar: pennill tair-llinell lle ailadroddir y llinell gyntaf yn yr ail, gyda'r drydedd yn cyfannu'r teimlad neu'r meddwl a fynegir, a'r tair llinell yn odli.

Roedd y *bluesman* anhysbys yn Tutwiler, Mississippi, ym 1903 wedi ailadrodd llinell unigol, *Goin where the Southern cross' the Dog*, deirgwaith. Bydd Ragtime Texas yn gwneud hyn yn aml:

I'm goin away, babe and it won't be long
I'm goin away and it won't be long
I'm goin away and it won't be long

Just as sure as that train leaves out of that Mobile yard
Just as sure as that train leaves out of that Mobile yard
Just as sure as that train leaves out of that Mobile yard

(Bull Doze Blues)

Ond ar adegau eraill, defnyddir y drydedd linell fel rhyw fath o gytgan ddi-odl.

Ahhh, what's the matter now?
  Tell me mama, what's the matter now?
I'm goin back to Texas, sit on easy street.

When you see me comin don't call my name
  Well when you see me comin don't call my name
I'm goin back to Texas, sit on easy street.

(*Texas Easy Street Blues*)

Yn *blues* Thomas mae'r drydedd linell fel pe bai'n agored ac yn gyfnewid-iol. Yn 'Cottonfield Blues' mae'n ei defnyddio i gwblhau'r rhediad meddwl a fynegir yn y llinell gyntaf a ailadroddir yn yr ail – ond, mae'n debyg nad yw'n gweld unrhyw angen esthetig i gau'r pennill gydag odl.

I'm goin to Texas, have to ride the rods
I'm goin to Texas, have to ride the rods
Just as sure the train leaves out of that Mobile yard.

If you see my mama before I do
If you see my mama before I do
Don't tell her, baby, what road I'm on.

Ond, yn y trydydd pennill, mae'n newid, mewn ffordd hollol fympwyol i bob golwg, i bennill sy'n odli:

Hey boat's up the river, and she won't come down
Hey boat's up the river, and she won't come down
I believe to my soul, great God she's water bound.

*   *   *

Er bod amrywiadau arno, daeth ffurf y pennill diwethaf i fod yn ffurf safonol y *blues* 12-bar pan ddechreuodd cantorion iau fel Blind Lemon Jefferson recordio yng nghanol y 1920au.

Mae'r ffurf, yn amlwg, yn syml. Ond mae iddi estheteg sydd, yn fy marn i, yn gyfriniol iawn. Does dim pen draw i'w gynhwysedd. Mae pob math o brofiad dynol wedi'i fynegi drwyddo, o'r masweddus i ddealltwriaeth ddwys o gariad; o droeon trwstan gwaith beunyddiol hyd at eithafion tristwch a hapusrwydd. Er y gall yr ailadrodd yn yr ail linell fynd yn undonog ym mherfformiad canwr eilradd, i mi, ar ôl gwrando ar y *blues* gyhyd, mae'n dal i roi rhyw foddhad anesboniadwy. Nid ailadrodd yn unig mo'r ail linell: mae'n creu rhyw ddisgwyliad rhyfedd, a fodlonir yn esthetig wrth gau pen y mwdwl yn odl y drydedd.

Mae *blues* Henry Thomas – Ragtime Texas – yn grair o gyfnod cynharaf y gerddoriaeth yma, ac yn dysteb i'r cerddorion a'i creodd.

4

Rock Me Baby

Yn y Deuheubarth cyn y Rhyfel Cartref, roedd y gwynion yn deall yn burion fod agwedd y duon at faterion rhywiol yn dra gwahanol i'w hagweddau hwythau a luniwyd gan y foeseg Gristionogol biwritanaidd, sy'n gosod rhyw a phechod yn yr un cae. Byddai gwynion y De yn ystyried rhywioldeb llai hunanymwybodol eu caethweision yn symptom o israddoldeb hiliol, rhyw-beth gwrthun – ond cyfareddol yr un pryd. Dichon fod hyn wedi creu rhwyg-iadau seicolegol dybryd i lawer iawn o ddynion a menywod gwynion wrth iddynt geisio dygymod â'r tyndra a grewyd gan eu moeseg rywiol eu hunain. Roedd llawer o droseddau mwyaf ffiaidd gwynion y Deheubarth yn erbyn y duon – treisio merched, torri ar organau rhywiol, a dienyddio heb brawf (*lynching*) – yn deillio o seicosis dwfn ym meddwl y gwynion a oedd yn gor-fod dygymod â rhywioldeb mwy agored 'hil' a ystyrient yn israddol ym mhob ffordd. Ni wnaeth hyd yn oed dylanwad cynyddol Eglwys y Bedyddwyr ar gymuned y caethweision ond cymedroli *mores* rhywiol y duon yn hytrach na'u diwygio. Fel y dangosodd Eugene D. Genovese yn *Roll, Jordan, Roll: The World the Slaves Made*, 'Deilliai gwrthodiad y caethweision o euogrwydd rhywiol y gwynion, o fydolwg crefyddol dwfn a chanddo'i wreiddiau yn Affrica; bydolwg a oedd wedi ailgartrefu yn niwylliant caethweision y Byd Newydd.'

Er gwaetha'r newidiadau allanol a ddaeth yn sgil y Rhyfel Cartref, o dan y wyneb ni fu fawr o newid ar lawer agwedd ar ddiwylliannau'r duon na'r gwynion, gan gynnwys eu hagweddau tuag at ymddygiad rhywiol. Daw hyn

Jitterbugging mewn *juke joint* ar brynhawn Sadwrn yn Clarksdale, Mississippi, Tachwedd 1939.

i'r amlwg mewn sawl ffordd ddiddorol yn nhraddodiad canu'r ddwy gymuned a recordiwyd yn fasnachol o ganol y 1920au ymlaen.

Yn fras, mewn canu gwlad (sef cerddoriaeth *downhome* y gwynion tlawd), ceir tueddiad cryf i ddelfrydu cariad, i'w ymddihatru a'i ddatgysylltu oddi wrth ddyheadau rhywiol. Os sonnir am ryw o gwbl, yna mae'n rhaid chwerthin am ei ben. Canlyniad arall i'r un foeseg biwritanaidd yw'r tueddiad i weld serch mewn termau sentimental – rhywbeth sy'n nodweddu cymaint o ganu gwlad. Roedd bywyd gwynion y Deheubarth yn wahanol iawn i'r delfryd. Yn wir, roedd llawer iawn ohonynt yn byw mewn tlodi gwledig digon tebyg i gyflwr y duon; ond mynnai eu diwylliant na châi'r berthynas rhwng menywod a dynion ei mynegi ar gân ond yn y ffordd afreal yma oedd yn tarddu o'r ddeuoliaeth biwritanaidd.

Wrth droi at y *blues*, prin y gallai'r gwrthgyferbyniad fod yn fwy trawiadol. Nid yw serch a chariad yn cael eu gwahanu neu'u hysgaru oddi wrth awydd ac atyniad rhywiol, ac yn hytrach nag edrych ar ryw fel peth cywilyddus, fe'i hystyrir yn rhywbeth i'w fwynhau ac i'w ddathlu. O ganlyniad, ceir peth wmbredd o ganeuon sy'n trin y berthynas rhwng dynion a menywod mewn ffordd ffres a real, gan gynnwys maswedd a rhywioldeb rhemp, ond sydd hefyd yn ymdrin yn fentrus a thyner â'r holl brofiad o gariad.

Mae'n wir bod eglwysi'r duon wedi anghymeradwyo'r *blues* yn chwyrn am y rheswm yma, ond roeddent yn cystadlu â *juke joints* a *barrel houses*, lle y byddai pobl a oedd wedi gweithio'n galed drwy'r dydd yn ymgasglu ar nos Sadwrn i gael hwyl, yfed wisgi a chwrw, a dawnsio, tra byddai *bluesman* megis Tommy McClennan yn codi awydd ynddynt gyda chân fel 'Roll Me, Baby':

> *Now roll me roll me baby, like you roll a waggon wheel*
> *The way you roll me baby – don't know how it make me feel*
> *I say roll me over baby, please roll me easy and slow*
> *I want you to roll me roll me baby, till your daddy won't even want no more.*

Cerddoriaeth joio yw hon!

> *Now roll me roll me baby like you roll a cross-cut saw*
> *Roll me roll me baby, till I say 'That's all! That's all!'*
> *Now roll me over baby like you roll a cross-cut saw*
> *I want you to roll me roll me baby, till I say 'That's all!*
> *That's all!'*

Dathliad egnïol a llawn hwyl o'r weithred rywiol yw cân McClennan. Wrth i'r noson fynd rhagddi ac wrth i'r wisgi ddylifo yn awyrgylch garw jiwc nos Sadwrn, fe ddichon y byddai'r caneuon yn mynd yn fwyfwy coch a broc.

Fe recordiwyd un gan Jesse James, fersiwn o'r *blues* masweddus 'Sweet Patuni' (*patuni* = petiwnia, delwedd ar gyfer organau rhywiol benywaidd). *Sweet patuni, only thing I crave,* meddai'r gytgan yn y rhan fwyaf o fersiynau. *Sweet patuni gonna carry me to my grave.*

Roedd gan Jesse James lais garw, a byddai'n ei gyfeilio'i hun ar y piano yn null ymosodol, cofiadwy'r *juke joint*. Mae ei fersiwn ef o'r gân yn agored iawn mewn ffordd chwareus:

> *Now I got a gal and the kid's playin deaf and dumb*
> > *Her movements in her hip'll make a dead man –*
> *Come on out my window, don't knock on my door*
> > *Ain't I told you two three times, don't want you no more?*

Cyfeiria James ddwywaith yn gellweirus at y clefyd gwenerol, ond hefyd fel ymffrost, fel arwydd o'i rywioldeb ei hun:

> *Now come-a here baby and sit down in my lap*
> > *Sit one side I forgot t' tell you I had the –*
> *Clap your hands together Charlie – Charlie where's you been so long?*
> > *'I been down in Tennesee and I couldn't stay there very long.'*

Mae'r gân yn adlewyrchu'n anuniongyrchol y bywyd caled a ddaeth i ran y canwr a llawer iawn o'i gynulleidfa. Yn ei ail gyfeiriad at y clefyd gwenerol mae Jesse James yn ei roi yng nghyd-destun y gwersylloedd llafur a frithai'r Deheubarth rhwng y ddau ryfel byd. Yn y gwersylloedd hyn, byddai'r duon yn byw mewn barics, gan lafurio ar wahanol brosiectau megis adeiladu ac at-gyfnerthu'r cloddiau, lle y byddai'r *bluesmen* crwydrol, fel James, a'r puteiniaid yn eu difyrru nos Sadwrn. Roedd bywyd yn y gwersylloedd, fel yr awgryma'r pennill isod, yn eithaf egr:

> *Now run here baby 'cause I done got kinda sick*
> > *Ain't nothin ailin in my stomach, it's somethin wrong with my –*
> *Dixie Camp was a camp in Georgia – you can't stay there very long*
> > *All the friends I had done shook hands and gone.*

Recordiodd Jesse James 'Sweet Patuni' a thair cân *blues* rymus arall i gwmni Decca ym 1936. Yn ddigon arwyddocaol, ni ryddhawyd 'Sweet Patuni'.

*   *   *

Ar eu gwaethaf, gall yr amwysedd rhywiol a'r *double entendre* fod yn ystryd-
ebol ac undonog, ond mae'r traddodiad yn un hynod ddyfeisgar. Yn 'Oil Well
Blues' (1929) mae Blind Lemon Jefferson a hanai o Texas, yn tynnu ar ddiwyd-
iant olew ei dalaith frodorol mewn cân hudo sy'n cymharu, yn ddigon ffraeth,
gampwriaeth rywiol y canwr â'r cyfoeth a'r grym sy'n gysylltiedig ag olew
Texas. *There ain't nothing to hurt you,* meddai wrth y fenyw y mae'n ceisio'i
hudo, *sugar there ain't nothing that's bad.*

>*There ain't nothing to hurt you, honey there ain't nothing bad*
>   *Just the finest oil well, that a little brown ever had.*

Yn y ffantasi fach yma, Lemon yw'r ffynnon sy'n gorlifo ag olew a hefyd y
driliwr profiadol sy'n chwilio am olew ac yn bodloni menywod mewn ffordd
na fedrant ond ildio iddi:

>*I got a reputation and they call me Drilling Slim*
>   *I got a mean reputation and they call me Drilling Slim*
>*But when I starts to drilling you hear women hollerin 'Too black bad!'*

Llais tenor uchel oedd gan Blind Lemon – llais oedd yn gweddu i'r ffordd
wrthrychol y byddai'n trin ei destun. Byddai'n canu caneuon cofiadwy am
dlodi'r duon ond mewn ffordd ffraeth ac eironig. Yn 'Baker Shop Blues' (1929),
mae'n edrych yn hiraethlon ar y cacennau yn ffenest y siop ond, mewn cyni
mawr, ni all fforddio dim byd. Felly, pan fydd y ferch y tu ôl i'r cownter yn
gofyn yn ddiniwed i gyd: *Hello, papa, don't look so sad . . . Come and try some of
my cake, and you won't feel so bad,* dyma Lemon yn chwarae ar amwysedd ei
geiriau. *I'm crazy 'bout my light bread and my pigmeat on the side,* meddai, gan
edrych yn fwy ar y ferch nag ar y cacennau yn ffenest y siop – *If I had a taste of
your jelly roll honey, I'd be satisfied.* Y rôl dan sylw yw'r deisen yn y ffenest, ond
fel *petunia,* roedd *jelly roll* hefyd yn enw arall ar organau rhywiol benywaidd.
Â Lemon, yr hen dlotyn, ati mewn ffordd ddireidus i chwarae ymhellach ar yr
amwysedd rhwng teisennau a rhyw: *I want to know is your jelly roll fresh? I want
to know is your jelly roll stale?* Ond ffantasi sydd dan sylw, mwy o sŵn nag o
sylwedd – does gan Blind Lemon ddim arian ar gyfer y naill rôl na'r llall, a
daw'r pennill olaf â'r canwr a'r gynulleidfa nôl i realiti'r sefyllfa, sef dyn du
tlawd yn ceisio cadw deupen ynghyd yng nghyni creulon America ym 1929:

9
Yr unig ffotograff o Blind Lemon Jefferson y gwyddom amdano. Mae'n llun cyhoeddusrwydd a ddefnyddiwyd gan Paramount yn hwyr yn y 1920au.

> *It's hard to be broke and so hungry you 'bout to drop*
> > *I say it's hard to be broke, so hungry you 'bout to drop*
> *If I don't get a break soon, I'll fall dead in front of this baker shop.*

Fel y mae'n digwydd, recordiwyd 'Baker Shop Blues' ar 24 Medi 1929 yn sesiwn olaf Jefferson gyda Paramount. Erbyn mis Rhagfyr, buasai'n farw, yn ôl pob sôn oherwydd effeithiau'r oerfel ar ôl trawiad ar y galon yng nghanol y gaeaf ar strydoedd Chicago.

*   *   *

10

Howlin' Wolf.

Perthynas gymhleth sydd rhwng rhyw, tlodi a'r *blues*. Thema gyson i'r *blues*, sydd rhwng digrif a difrif braidd, yw'r brolio rhywiol yma; haeriad sy'n cym-ryd lle grym mewn byd lle mae'r grym go-iawn yn gorwedd gyda *Mister Charley* neu *The Man*.

Weithiau, bydd canwr yn manylu ar hyn, megis yn 'Back Door Man' Howlin' Wolf (1960). Ffigwr cyfarwydd yn y *blues* yw'r *back door man*, sef y prowlwr hanner nos, y dyn sy'n cysgu yng ngwelyâu pobl eraill, y *tail dragger*, fel y brolia'r Wolf mewn cân arall, *[who] wipes out his track*. Ond yn Chicago ar ddiwedd y pumdegau gallai'r Wolf fod yn fwy ymosodol a heriol na *bluesmen* y gorffennol. *I am a back door man*, meddai yn y gytgan –

> *I am – a back door man*
> > *Well the mens don't know but the*
> *little girls understand.*

Ond wrth ddrws cefn pwy y bydd e?

> *They taken me to the doctor, shot full of holes*
> > *Nurse cried – 'Please save his soul!'*
> *'Cused him for murder – first degree –*
> > *Judge wife cried – 'Let the man go free!'*

Gallai'r nyrs, o bosibl, fod yn ddu, ond nid gwraig y barnwr yn y 1950au. Yn y gân hon (a gyfansoddwyd gan ei gyd-*bluesman* o Chicago, Willie Dixon), mae'r Wolf yn chwarae ar fytholeg hiliol y gwynion am rywioldeb dynion duon, mytholeg sydd â'i gwreiddiau yn ddwfn yng nghymdeithas y caethweision. Yn ôl y fytholeg, roedd pob caethwas du'n chwantu ar ôl menywod gwynion gan beri ofn cudd parhaus i'w perchenogion.

> *Said now the cop's wife cried – 'Don't take him down!*
> *Rather be dead, six feets in the ground.'*
> *When you come home you can eat pork and beans*
> *I eats more chicken any man seen.*

Mae'r gân yn taro at galon hiliaeth Americanaidd drwy watwar y bobl hynny sy'n ganolog i'w goruchafiaeth a'i grym, y barnwr a'r heddlu. Falla bod chi'n iawn, meddai'r gân – os felly 'dach chi eisio fo, falla ei fod o'n wir.

Mae pigiad ychwanegol yng nghynffon y ddwy linell olaf. Yn y Deheubarth, ymborth y dyn tlawd oedd porc a ffa, tra bod cyw iâr yn un o'r danteithion yr oedd pob dyn du i fod i ddyheu amdano. Bu'r diddanwr du Bert Williams yn parodïo hyn mewn cân *vaudeville* o'r enw 'Samuel' a recordiwyd ym 1916. Gwas bach du sy'n gweithio mewn gwesty yw Samuel, sy'n cael ei weithio'n galed ofnadwy ac yn gyff gwawd i snobyddiaeth cwsmeriaid gwynion y gwesty. Byddai'n dweud wrthynt *go to the dickens* un ac oll, ond fel y dywed yn y gytgan watwarus:

> *If it wasn't for the pickins*
> *Of this chicken –*
> *And they sure do fry it* well!

Ond digon dof yw dychan Williams. Yn y gân mae'n gwisgo masg, a hynny mewn ffordd watwarus, y *boy* llywaeth, y *good nigger* sy'n gofalu ei fod yn cadw'r masg amdano o flaen y gwynion. Er bod y gân yn gwawdio diffyg goddefgarwch ac ymddygiad ffuantus y gwynion, nid yw'n dod yn agos at ymosodedd rhywiol, heriol agored y Wolf. Hyd yn oed yn Efrog Newydd lle recordiwyd 'Samuel', gallasai canwr fod wedi cael crasfa egr neu hyd yn oed ei ladd am ganu cân fel 'Back Door Man' ym 1916.

* * *

Byddai cantorion benywaidd hefyd yn brolio'u gorchestion rhywiol yn ogystal
â gorchestion eu dynion. Ond daw hyn â ni'n ôl at ryw a thlodi mewn cym-
deithas hiliol. Ym mytholeg hiliol y gwynion, credid fod dynion du'n chwantu
menywod gwynion a bod menywod duon, er dyddiau caethwasiaeth, ar gael i
ddiwallu chwantau dynion gwynion. Ar yr un pryd, gyrrwyd llawer o fenywod
duon yn ystod y ganrif yma at buteindra oherwydd eu tlodi, gan borthi myth-
oleg y gwynion am y fenyw ddu gocwyllt.

Does fawr o amheuaeth mai putain oedd Lucille Bogan a fu hefyd yn
recordio o dan yr enw Bessie Jackson, a barnu o nifer y *blues* a recordiwyd gan-
ddi ar y testun. Yn 'Barbecue Bess' (1935), a ganwyd i alaw 'Sweet Patuni',
mae'n cyflwyno delwedd ohoni'i hun fel yr hwren fras, hyderus:

> *When you come to my house, come down behind the gaol*
> *I got a sign on my door, 'Barbecue for Sale'*
> *I'm talkin 'bout my barbecue, only thing I crave*
> *And that good doin meat's gonna carry me to my grave.*

Mae hi'n cynnig ei nwyddau:

> *I'm sellin it cheap, 'cause I got good stuff*
> *And if you try it one time, you can't get enough*
> *I'm talkin 'bout barbecue, only thing I sell*
> *And if you want my meat, you can come to my house at twelve.*

Mae yna fywiogrwydd a hyder yn perthyn i'r gân yma, rhyw wydnwch a
sinigiaeth sy'n awgrymu y daw hon yn groeniach drwy bopeth. Ond bum
mlynedd yn gynharach ym 1930, roedd wedi recordio 'They Ain't Walking No
More', sy'n dangos ei bywyd fel putain mewn golau tra gwahanol.

Tricks ain't walkin, tricks ain't walkin no more, meddai yn y gytgan gyda
rhyw dinc blinedig o anobaith.

> *I need shoes on my feet, clothes on my back*
> *Get tired of walkin these streets all dressed in black . . .*

Ond mae'r *tricks*, sef ei chwsmeriaid gwynion, wedi'u taro gan y dirwasgiad
hefyd, ac mae cerdded y strydoedd yn chwilio am fusnes yn mynd yn fwyfwy
anobeithiol:

Please have mercy, bad luck's on my lien
    Four or five good tricks is all the money I need
  But tricks ain't walkin, tricks ain't walkin no more
    Tricks ain't walkin, tricks ain't walkin no more
And if I can't get a break, don't care where I go.

Pan oedd y dirwasgiad ar ei waethaf, nid oedd hyd yn oed puteindra'n talu, ac fel pe na bai hynny'n ddigon, roedd rhaid iddi gadw llygad ar agor drwy'r amser am yr heddlu:

    This way I'm livin sure is hard
      Duckin and dodgin the Cadillac squad.

    Roedd puteindra, clefydau gwenerol, a chael eu harestio a'u carcharu'n rhan o realiti bywyd i fenywod fel Lucille Bogan. Ffantasi yw'r Wolf fel dyn-drws-y-cefn sy'n dial drwy ryngu bodd gwraig y barnwr a'r plismon – ond pan fydd Howlin' Wolf yn canu, gyda'i egni arferol, mae rhywun yn gallu credu'r ffantasi am y tro. Fel pob celfyddyd fawr, gall gyfleu'r hyn a gyflawnir ganddi fel rhywbeth real dros dro.

*   *   *

Yn anorfod, bu cerddorion roc yn tynnu ar eiriau'r *blues* yn ogystal â'u harddull a'u ffurf ac, wrth iddynt wneud, cyflwynwyd peth o *mores* rhywiol y duon i'r gynulleidfa dorfol wen. Er ei bod yn anodd dweud i ba raddau mae hyn yn wir, ymddengys fod y *blues* wedi chwarae rhan yn y 'chwyldro rhywiol' – y teimlad newydd o ryddid rhywiol – a oedd mor bwysig yn niwylliant ieuenctid y 1960au.

    Fodd bynnag, oherwydd mai mynegi diwylliant pobl ifainc mae roc, roedd yr hyn a amsugnwyd oddi wrth y *blues* yn gyfyngedig, wrth reswm. Hyd nes i bobl dduon ifainc ymwrthod â'r *blues* yn ystod y ddau ddegawd diwethaf, ni bu 'bwlch cenhedlaeth' fel y cyfryw yn y traddodiad. Ni bu erioed yn fynegiant cerddorol i bobl ifainc rhagor na phobl ganol oed neu hen bobl. Mae'n wir bod rhai *bluesmen* yn drifftio oddi wrth y *blues* wrth fynd yn hŷn, a bod rhai eraill wedi penderfynu cefnu arnynt yn sgil tröedigaeth Gristionogol ar drothwy canol oed. (Aeth rhai, megis Rube Lacy a Robert Wilkins rhag-ddynt i fod yn bregethwyr.) Ond bydd llawer iawn o *bluesmen* yn dal i ganu nes mynd yn hen, weithiau er mwyn eu difyrru'u hunain neu gylch o ffrindiau, neu weithiau'n broffesiynol fel Howlin' Wolf a Muddy Waters. Yn achos y ddau hyn, dim ond marwolaeth a roddodd daw arnynt.

Mae yma oblygiadau pwysig wrth gymharu'r *blues* a roc. Gan fod y *blues* yn draddodiadol wedi'u perfformio ar gyfer cynulleidfa sy'n rhychwantu'r hen a'r ifanc, mynega amrediad ehangach o brofiadau dynol na roc, oherwydd mai cerddoriaeth ieuenctid fu roc ac felly y mae o hyd. Mae cenedlaethau newydd o bobl ifainc wedi'u denu at y gerddoriaeth, wrth gwrs, ond gydag eithriadau prin, nid yw'r gerddoriaeth wedi datblygu'n gyfrwng mynegi prof-iadau yn ystod cyfnodau diweddarach ym mywyd yr unigolyn.

Mae rhywbeth afreal a straenllyd am hyn, rhywbeth abswrd am gyltiau Buddy Holly ac Elvis Presley ac am y bandiau roc sydd wedi goroesi'r chwe-degau a'u dilynwyr canol oed. Ceir eironi rhyfedd yn y ffaith fod yn rhaid i arwr chwedlonol fel Elvis farw er mwyn cael byw. Pa mor hir y gallai fod wedi dal ati, yn ymladd yn erbyn bol cynyddol, a menywod canol oed mewn cyng-herddau dethol, parchus ar adeg pan oedd ei holl ganeuon am rywioldeb glas-lencyndod a serch sentimental yn dechrau gwawdio'r realiti? Er gwaetha'i lwyddiannau mae roc, o'r cychwyn cyntaf, wedi'i gyfyngu braidd drwy un-iaethu'i hun â chylt ieuenctid cymdeithas y Gorllewin. Nid cerddoriaeth gron, gyflawn mohoni, gan fod yna gymaint o agweddau ar fywyd na all eu trin. Cerddoriaeth breuddwydion yn hytrach na cherddoriaeth bywyd yw roc; breuddwyd cymdeithas faterol y Gorllewin ar ôl yr Ail Ryfel Byd, sef, mai bod yn ifanc am byth yw'r nod.

Does gan y *blues*, sy wedi ei seilio ar dlodi a gormes, ddim oll i ddweud am freuddwyd y Gorllewin, ond fe ddywed gyfrolau am fywyd a'r modd y gall gobeithion droi'n llwch chwerw gyda threigl amser. Rhan o'i fawredd fel traddodiad canu yw ei barodrwydd i archwilio'r anobaith sy'n rhan annatod ohonom i gyd, agwedd y mae diwylliant torfol yn benderfynol o ymwrthod â hi. Fel y noda Michael Ventura yn *Shadow Dancing in the U.S.A.*, waeth pa mor wael y mae pethau'n ymddangos inni, does dim rhaid inni boeni. 'Dydy hi ddim fel wyt ti'n feddwl', meddai'r operâu sebon a'r hysbysebion diddiwedd – 'Mae popeth yn iawn!' Fe ŵyr y *blues* yn wahanol a, thrwy greu celfyddyd o fywyd fel ag y mae, mae'n mynegi'r hyn yr ydym mewn gwirionedd.

Ym 1946, yn Chicago, recordiodd James 'Beale Street' Clark y gân 'You Can't Make the Grade'. `

When your woman get funny
When you start to gettin old

> *Now this is a story*
> *And it's never been told.*

Yna, daw'r gytgan:

> *Too late old man*
> *All your debts must be paid*
> *Yeh your race is run*
> *You really can't make the grade.*

Mae'r gân yn trafod dygymod â methiant:

> *Now that you worked like an ox*
> *You come home tired as a mule*
> *You get sixty years old*
> *Before you know it's you's a fool.*

Ond nid einioes o lafur caled heb ddim i ddangos amdano sy'n gwneud 'You Can't Make the Grade' yn gân mor rymus emosiynol. Mae cân Clark yn mynd â ni'n ddyfnach i'r 'anobaith tawel' a welodd Thoreau mewn cynifer o'r ddynoliaeth. Hwyrach y gellir dygymod â'r tlodi. Yr hyn na ellir dygymod ag ef yw sylweddoli fod oes o briodas hyd yn oed yn dechrau gwatwar gwrthrych y gân erbyn y diwedd. Mae Clark yn trafod rhywioldeb pobl sydd ar drothwy henaint mewn modd uniongyrchol a chyda dealltwriaeth na allai (ac na wnâi) cerddoriaeth boblogaidd y gwynion mo'i fentro.

> *At midnight she shake you*
> *She know that's just a joke*
> *She know you goin in the mornin*
> *Before she gets you woke.*

Mae rhyw greulondeb a chwerwder ynghylch ymdrechion ei wraig i godi blys arno. Mae'r dyn wedi ymlâdd gan ei waith ac yn tynnu ymlaen o ran oedran ac yn gorfod codi'n gynnar drannoeth – mae hi'n gwybod nad oes dim byd yn mynd i ddigwydd. Rhyw watwar yw ei weithred, ond hefyd yn arwydd o'i rhwystredigaeth rywiol ei hun. Ym myd masocistaidd y berthynas sydd rhwng dyn a dynes, dyma rywbeth y gall ei wraig ei storio a'i ddefnyddio'n ei erbyn yn nes ymlaen:

Monday you feel like playin
    She doesn't know your game
Tuesday mornin come
    Things about the same
Wednesday she false accuse you
    Of some other chick
Thursday when you touch her
    She says she's kinda sick
Friday when you come she grab you
    She kiss you on the cheek
She know she gon to have enough money
    To last all the week.

Too late old man – does dim dihangfa, dim lle i droi, dim lle i ddechrau o'r newydd:

All your debts must be paid
    Yeh your race is run
You really can't make the grade.

Bron nad yw hunanadnabyddiaeth o'r fath yn annioddefol, ond rhaid ei goddef, yn union fel mae'n rhaid canu a barddoni yn ei chylch. Pa ddiben sydd i gelfyddyd, boed yn boblogaidd neu fel arall, oni fydd yn tystio i werth ein dynoliaeth?

*   *   *

Tybiaeth boblogaidd am gân *blues* yw mai cân drist ydyw, 'cân felan', sy'n sôn am gariad ofer. Yn wir, mae peth wmbredd o ganeuon *blues* wedi'u recordio sy'n sôn am yr union thema, ond mae iddynt amrediad o ystyr a chyseiniant sydd ymhell y tu draw i'r stereoteip gwyn sydd dan sylw, ac ymhell y tu hwnt i'r rhan fwyaf o gerddoriaeth boblogaidd y gwynion yn y ganrif yma. Ein colled ni yw honno. Heb farddoniaeth hygyrch i fynegi'r hyn a elwir gan y bardd Swedaidd, Harry Martinson, 'chwarae yr enaid dynol ag enaid iaith', yna, ni allwn, i raddau helaeth, fynegi ein hunain wrthym ein hunain – a chawn ein bod yn brin o eneidfaeth ac yn fud yn emosiynol.

Bu Henry Townsend, y *bluesman* o St Louis, yn recordio sawl gwaith yn y 1930au, ond mewn sesiwn yn Chicago ym 1935 ni recordiodd ond dwy gân

'Don't Love that Woman' and 'She's Got a Mean Disposition'. Mae'r naill ddarn yn ategu'r llall, gan greu un *blues* bron, fel rhywfath o fyfyrdod ar gariad sydd wedi methu.

Yes I talked to my babe, meddai ar ddechrau 'Don't Love that Woman', *and I told her that she was wrong*:

> *Yes I talked to my babe and I told her that she was wrong*
> *She said she wouldn't stop drinking and staying out all night long.*

Mae 'She's Got a Mean Disposition' yn dechrau yn yr un ffordd, y meddwl yn nadu ar y broblem nes bod rhwystredigaeth yn troi'n ddicter:

> *She got a mean disposition and she got certain low down dirty ways*
> *She got a mean disposition, she got certain low down dirty ways*
> *I been a-hoping and trusting that my babe would change some day.*

Ond fe ŵyr na fydd hi'n newid ac, wedi ei ddigio ac wedi'i frifo, mae am ei brifo hi hefyd er mwyn iddi gael deall ei chamgymeriad:

> *So go ahead kind lover, you go ahead and have your way*
> *You go ahead kind lover, you go ahead and have your way*
> *That'll be all right, kind woman, you'll see your mistake some day.*

> (*Don't Love that Woman*)

Nid yw meddwl fel hyn yn datrys dim ac, yn y pennill nesaf, mae wedi'i fwrw'n ôl arno'i hun, gan gwyno wrth y byd a'r betws wrth fwrw baich ei anhapusrwydd:

> *Hmmmmmm-mmm – The world is dark and gloomy, people what can I do*
> *Yes the world is dark and gloomy, people what can I do*
> *Although I know she don't love me but I just can't help from feeling blue.*

Mae 'She's Got a Mean Disposition' yn ei orfodi i sylweddoli bod yna baradocs creulon. Yn ei chwerwder, teimla ei fod yn gwybod yn well nag i ddisgwyl dedwyddwch yn ei fywyd:

> *Man yeh I have travelled, yes I have travelled enough to know*
> *Man yes I done travelled, I travelled far enough to know*
> *You can't find no heaven, nowhere in the world you go.*

Ond, peth naturiol yw chwilio am hapusrwydd, rhywbeth greddfol sy'n ddwfn oddi mewn inni. *Why can't I be happy,* mae'n gofyn, *people like everybody else?*

Mae'r ateb, wrth gwrs, yn gorwedd yn ein hanallu i wneud dewisiadau rhesymegol ynglŷn â chariad a gwrthrych ein serch. Gwêl Henry Townsend mai anobeithiol yw ei gariad yntau, a'i fod yn ei lusgo dan y don. Ond ni all mo'i helpu'i hun, yn union fel mae'n gwybod nad yw'r ddynes yn gyfrifol am yr hyn sy'n digwydd rhyngddynt chwaith.

Diwedda 'Don't Love that Woman' gyda'r anogaeth sydd yn y teitl. Eto i gyd, mewnwelediad dwys yw'r gân yma i natur cariad a rheswm, weithiau'n dangos ei fethiant, ac weithiau'n dangos cipolwg ar yr elfen anhunanol yn nheimladau'r canwr tuag at y ddynes. Golyga'r ddeuoliaeth yma fod ei sefyllfa yn hollol annioddefol, oherwydd ei fod, nid yn unig yn hunandosturiol, ond hefyd yn tosturio wrthi:

> So man don't love that woman, she don't love you and nobody else
> > So man don't love that woman, she don't love you and nobody else
> Oh you couldn't expect much better, when she don't even love herself.

*   *   *

Ni ellir dweud popeth trwy gyfrwng y *blues*. O'i hanfod, ni allai byth fod yn gyfrwng barddoniaeth feddyliol. Ond mae rhywun fel Henry Townsend yn gallu dinoethi dyfnderoedd teimladau dynol mewn ffordd sy'n cyffwrdd â ni i gyd.

5

Mister Blues Don't Murder Me!

Pan ofynnodd yr ymchwilydd canu-gwerin, William Ferris, i Arthur Lee Williams, canwr o Mississippi, ddisgrifio'r *blues*, fe ystyriodd am ychydig cyn ateb fel hyn:

> *Blues actually is uh, the blues is, is round you every day. That's just a feeling from within a person I reckon, you know. You ever had – you have a hard time, you know, and little things happen. Look like every time you get straightened out on one thing, it's something else happen. Little different hardship between you and your girlfriend or something like that. That's what that is, that's all it is. Just downheartedness, that's all it is. Hardship.*

Mae'r un cwestiwn wedi'i ofyn lawer gwaith i lawer iawn o gantorion ac, yn amlach na heb, maent wedi rhoi ateb tebyg. Daw'r *blues* o galedi a thlodi, o broblemau emosiynol, teimlad digalon – o fod yn y felan.

Pam, felly, fod angen inni ofyn y cwestiwn eto – beth yw'r *blues*? Oherwydd, er bod ateb Arthur Lee yn ddigon da fel diffiniad bras ar gyfer nifer helaeth o'r *blues* sydd wedi'u recordio a'u canu, nid yw'n mynd â ni at graidd helbulus y *blues*, tarddle'r profiadau mwyaf grymus a chofiadwy. I'r rhan fwyaf, hwyrach, nid yw'n bosibl cyfleu hyn ond drwy sumbol a metaffor barddoniaeth y *blues*, ond dyna a olygai'r canwr mawr a huawdl o Texas, Lightning Hopkins, pan ddywedodd:

> *The blues is hard to get acquainted with, just like death.*

* * *

11

Muddy Waters, tua 1957.

Mae cysylltiad cryf rhwng y profiad canolog hwn â'r nos, yn enwedig yr oriau unig cyn y wawr. *Early in the morning before day, that's when my blues come fallin down,* meddai Muddy Waters yn 'Early Morning Blues' (1950). Weithiau, bydd yn dechrau fel rhyw anesmwythyd niwlog – sy'n treiddio i'ch breuddwydion – nes eich bod yn deffro mewn braw:

> *Just a feeling, feeling I had on my mind*
> *Just a feeling, feeling I had on my mind*
> *Lay down dreamin, I woke up this mornin screamin and cryin*

(Little Walter 'Just a Feeling', 1956)

Rhywbeth y tu allan ichi yw *blues*, sy'n disgyn amdanoch gan dreiddio i'ch meddwl a'ch calon. Grym naturiol ydyw, fel glaw neu genllysg, *The sun is shining, although it's raining in my heart*, chwedl Elmore James yn 'The Sun is Shining' (1960); *I've got to keep moving, I've got to keep moving, blues falling down like hail, blues falling down like hail* oedd cân Robert Johnson druan yn 'Hellhound on my Trail' (1937). Mae'n weithredol ac yn bwrpasol – *Well the blues come to Texas lopin like a mule* (Blind Lemon Jefferson, 'Got the Blues' (1927)). Yr eiliad y cyrhaeddiff y *blues*, bydd yn treiddio i bopeth: *I woke up this morning, the blues all round my bed*, meddai un pennill traddodiadol, *Went to eat my breakfast, the blues all in my bread*. Neu, fel y canodd Charley Patton yn 'Bird Nest Bound' (1930):

> *Hard luck is at your front door, blues are in your room . . .*
> *Trouble is at your back door, what is goin to become of you?*

Ond nid grym naturiol yn unig mo'r *blues*, grym maleisus ydyw, fel yr awgryma llinellau Patton. Aflwydd yw'r *blues*; math o glefyd. *The blues – is a low-down shakin chill* yw cân Robert Johnson yn 'Preaching Blues' (1936), un o'r *blues* mwyaf disglair ar y thema. *Yeah – preachin 'em now!* meddai wrtho'i hun o'r naill ochr:

> *Hmmmm-mmm – is a low-down shakin chill*
> *You ain't never had 'em I – hope you never will.*

Twymyn yw'r symptom. Yn y pennill nesaf, mae Johnson yn diffinio'r *blues* unwaith eto:

> *Well the blues – is a achin old heart disease*
> (wedi'i lefaru: *Lookee now. – Have you got the blues? – Tell me all about it.*)
> *The blues – is a low-down achin heart disease*
> *Like consumption – killin me by degrees.*

Mae Lightning Hopkins yn canu rhywbeth tebyg:

> *You can make your bed hard baby, sleep in it and call that bad ease . . .*
> *You know the blues is just a funny feeling and people call it a mighty bad disease.*

Clefyd ydyw sy'n anodd iawn ei wella ac weithiau fe all eich lladd. *People, I've tried every doctor, every doctor in my neighbourhood*, meddai Henry Townsend yn 'Sick with the Blues' (1933),

> *Yes I've tried every doctor, every doctor in my neighbourhood*
> *But I haven't found nary a doctor's capable of doing my blues any good.*

*   *   *

Mae'r delweddau hyn o'r *blues* fel grym naturiol maleisus neu glefyd ffyrnig yn ymdoddi yn y ddelwedd gryfaf un, sef y *blues* fel ymwelydd goruwchnatur-iol, rhywbeth neu rywun, rhith o ddyn nad yw o'r byd yma.

Ym 1936, recordiodd Little Brother Montgomery gân *blues* o'r enw 'The First Time I Met You' – teitl a allai fod wedi dod yn syth o'r byd pop. Ond nid cariad y canwr yw'r *you* dan sylw:

> *The first time I met the blues mama, they came walking through the wood*
> *The first time I met the blues baby, they came walking through the wood*
> *They stopped at my house first mama, and done me all the harm they could.*

Mae rhyw rym pwrpasol yn y *blues* pan fyddant yn cwrdd â chi ben bore fel hyn, yn aml wrth eich drws. Medrwch eu cyfarch, *Good morning blues, what are you doing here so soon* [h.y. cynnar] ? Ond fydd y *blues* byth yn ateb. Ffigwr tawedog ydyw sydd â'i fryd ar wneud ei waith yn ddistaw ac yn gyflym. *Now the blues got at me*, meddai Little Brother yn ei gân, *now they run me from tree to tree,*

> *Now the blues got at me, now they run me from tree to tree*
> *You should of heard me begging, 'Mister Blues, don't murder me!'*

Yn y caneuon hyn, mae'r cyfarchiad '*Mr Blues*' yn gyffredin. Yn y De, dis-gwylid i'r duon gyfarch pob dyn gwyn fel '*Mister*', ac fe'i defnyddir fan hyn fel cydnabyddiaeth o rym a nerth y *blues*. Mae'r *blues* yn mynnu parch, ond nid yw ymbil y canwr yn tycio dim. Fel hyn y mae 'The First Time I Met You' yn gorffen:

> *The blues came down our alley mama, stopped right at my door,*
> *They give me more hard luck and trouble than I ever had before.*

Mae Robert Johnson yn cwrdd â'r *blues* yn blygeiniol hefyd yn 'Preaching Blues', *I got up this morning – the blues walking like a man.* Yn hytrach na ffoi rhagddo, fel y gwna Little Brother Montgomery, mae Johnson yn ei gofleidio'n frwd: *Worried blues – give me your right hand.* Ond ni fydd y *blues* yn ochri â neb – mae pawb yn ysglyfaeth iddo. Â'r pennill nesaf rhagddo:

> *And the blues grabbed mama's child – and they throwed me all upside down*
> > *Blues grabbed mama's child – and they throwed me all upside down*
> *Travel on, poor Bob – just can't turn you round.*

Enw arall ar 'Preaching Blues' Johnson yw 'Up Jumped the Devil'. Dechreua cân a recordiwyd flwyddyn yn ddiweddarach, 'Me and the Devil Blues', gydag ymweliad plygeiniol tebyg, gyda'r canwr yn cofleidio'r ymwelydd, ond mae'r canwr yma fel pe bai'n cofleidio'i dynged:

> *Early this morning, when you knocked upon my door*
> > *Early this morning oooo, when you knocked upon my door*
> *And I said 'Hello Satan, I believe it's time to go.'*

Cân brudd yw 'Me and the Devil Blues', sy'n cloddio'n ddwfn i natur creulondeb dynol. Does dim o egni ffrenetig nac angerdd perfformiad 'Preaching Blues', lle mae'r canwr yn cofleidio'r *blues* yn wyllt, er ei fod yn gwybod y bydd yn ei ddifa. Flwyddyn yn ddiweddarach, mae fel pe bai pob teimlad wedi diferu ohono:

> *Me and the Devil, was walkin side by side*
> > *Me and the Devil ooooo, was walkin side by side*
> *I'm goin to beat my woman, until I get satisfied.*

Nid yw'r fenyw'n deall beth sy'n digwydd. *She said she don't see why, that I always dog her round.* Mae Johnson yn mwmian rhyw reswm rhwng y llinellau, *Now baby you know you ain't doin me right now.* Ond fe'i dywedir heb argyhoeddiad, fel rhywbeth i'w ddweud. Mae'r gwir reswm, hyd y gall Johnson ei ddirnad, yn dod yn nhrydedd linell y pennill:

> *It must be that old evil spirit, so deep down in the ground.*

Mae ei gymhelliad mor oer â'i drais, ac yn y pennill olaf fe dry'n ddigon didaro i ystyried ei farwolaeth ef ei hun:

> *You may bury my body, down by the highway side*
>   (wedi'i lefaru *Baby I don't care where you bury my body when I'm dead and gone*)
> *You may bury my body ooooo, down by the highway side*
>   *So my old evil spirit, can catch a Greyhound bus and ride.*

*   *   *

Cymhleth hefyd yw'r berthynas rhwng y *blues* a chrefydd. I rywun o'r tu allan, gall y *blues* ymddangos yn ddim byd amgenach na cherddoriaeth seciwlar pobl dduon America. Fodd bynnag, mae Cristionogaeth ffwndamentalaidd yn polareiddio pob dim. I Fedyddiwr y Deheubarth, rydych naill ai gyda'r Iesu neu gyda'r diafol ac, ymhlith y duon crefyddol, ystyrid y *blues*, yn gyffredinol ac yn llythrennol, gyda'i gysylltiad â'r *juke joints*, fel cerddoriaeth y diafol.

Yn aml iawn, agwedd ddigon deublyg sydd gan y cantorion *blues* eu hunain tuag at eu cerddoriaeth. Magwyd llawer iawn ohonynt yn Eglwys Bedyddwyr y Deheubarth neu yn un o fyrdd mân eglwysi ffwndamentalaidd y Deheubarth. Yn yr eglwysi hyn, rhyw gyfuniad o biwritaniaeth foesol ronc ac emosiwn dilyffethair fyddai'n nodweddu'r addoli. Cyfuniad grymus ydyw hefyd, a does ryfedd bod dynion a menywod sy'n ymwrthod â Christionogaeth fel oedolion, yn aml iawn yn byw yn ei chysgod.

Ym myd y *blues*, mynegir hyn mewn sawl ffordd wrthgyferbyniol – ar y naill law teimladau dirmygus a hyd yn oed casineb tuag at yr hyn a welir fel rhagrith yr Eglwys a'i haelodau, ac ar y llaw arall rhyw ansicrwydd gofidus, rhyw barchedig ofn o'r Eglwys, sy'n awgrymu cydnabod ei hawdurdod fel cynrychiolydd grymoedd arallfydol.

Daeth y dirmyg i'r amlwg pan oeddwn yn gyrru yng nghwmni'r pianydd, Booker T. Laury yn un o ardaloedd y duon ym Memphis ym 1979 lle'r oedd yna gapel o ryw fath ar gornel bob stryd bron. *Man*, gwawdiodd Booker gan graffu drwy'r ffenest flaen i gael golwg well, *there must be an awful lot of s i n round here*. Amlygir y gwawd hwn hefyd mewn rhyw elyniaeth ddofn tuag at bregethwyr ynghyd ag argyhoeddiad cadarn fod llawer iawn ohonynt yn enghreifftiau o'r holl ddrygioni a gondemnir ganddynt mewn 'pechadur-

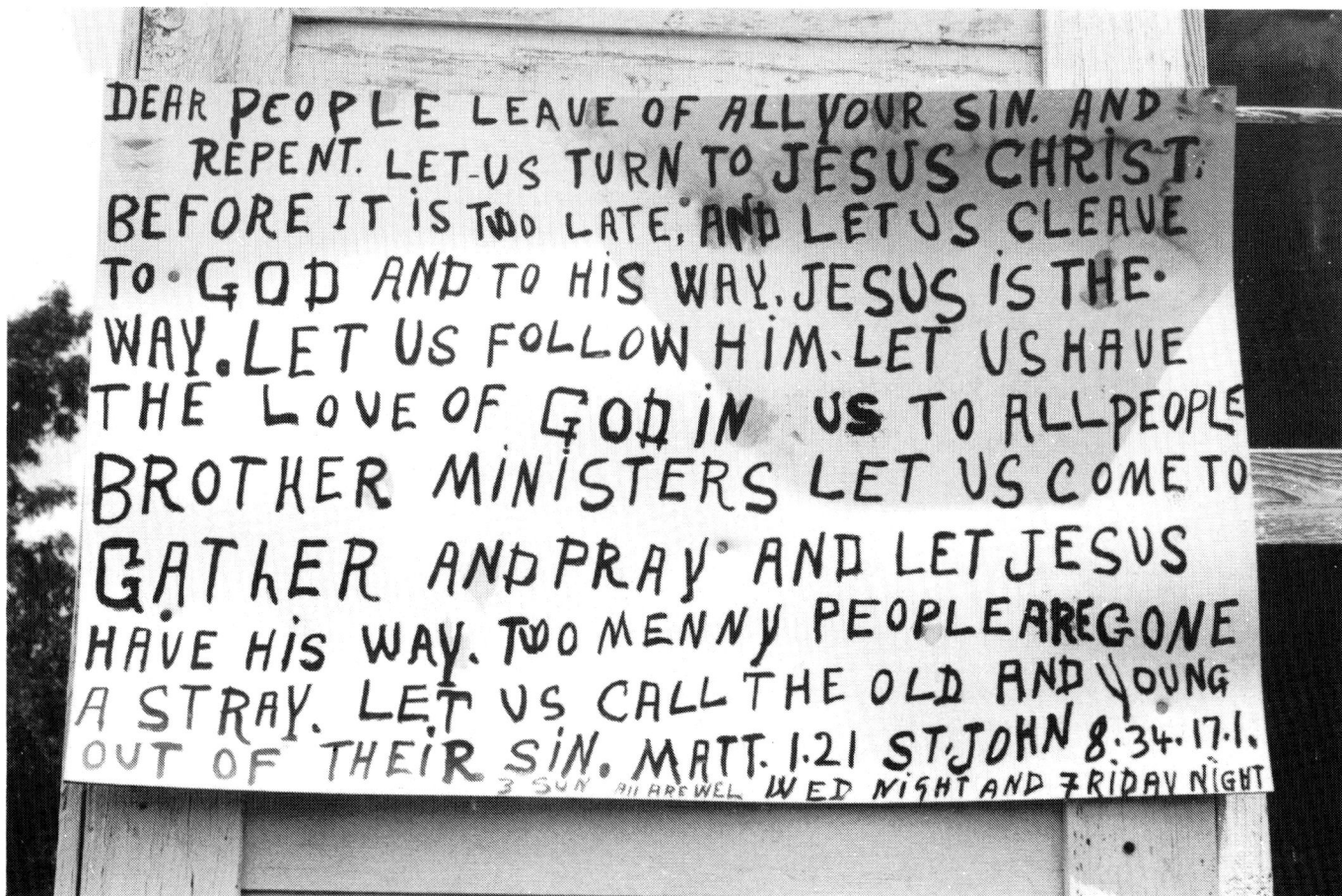

DEAR PEOPLE LEAVE OF ALL YOUR SIN. AND REPENT. LET-US TURN TO JESUS CHRIST. BEFORE IT IS TOO LATE, AND LET US CLEAVE TO GOD AND TO HIS WAY. JESUS IS THE WAY. LET US FOLLOW HIM. LET US HAVE THE LOVE OF GOD IN US TO ALL PEOPLE BROTHER MINISTERS LET US COME TO GATHER AND PRAY AND LET JESUS HAVE HIS WAY. TOO MENNY PEOPLE ARE GONE A STRAY. LET US CALL THE OLD AND YOUNG OUT OF THEIR SIN. MATT. 1.21 ST. JOHN 8.34. 17.1. 3 SUN ALL ARE WEL WED NIGHT AND FRIDAY NIGHT

12
Arwydd o flaen Eglwys Dduw yng Nghrist, Clarksdale, Mississippi.

iaid'. Cybydd-dod, gorfwyta a chwant rhywiol yw'r pethau a enwir fynychaf, fel yn 'You Shall', cân gan y canwr o Memphis, Frank Stokes, a recordiwyd ym 1927:

Now when I first moved to Memphis Tennessee
I was crazy bout the preachers as I could be
I went out on my front porch a-walkin about
Invite the preacher over to my house

He washed his face, combed his head
    Next thing he want to do was slip in my bed
I caught him by the head, man, kicked him out the door
    Don't 'low no preacher at my house no more

I don't like 'em – they'll rob you – steal your daughter – take
    your wife from you – yeh – eat your chicken – take your money –
yeh – they'll rob you – make change on you – yeh.

Dychan bywiog, slic yw 'You Shall'. Ond mae cymuned yr Eglwys yn un gref, a thu allan i fyd y *juke joints* gall peri i'r canwr *blues* fod yn ysgymun. Daw hyn i'r golwg mewn sylw bach chwerw gan y pianydd a gitarydd o Mississippi, Lee Kizart wrth William Ferris ym 1968:

But in my district, uh this community, you know what they'll say? 'You know that old man totin' that guitar yonder? He oughta be goin to church!' *That what everybody say about me, you know.*

Atgyfnerthwyd chwerwder Kizart gan argyhoeddiad digon tebyg i gred Frank Stokes sef, mai'r rheini oedd yn gyfrifol am ei ysgymuno yn ei gymuned ei hun am ei fod yn *bluesman* oedd y rhagrithwyr gwaethaf:

But now you take up the road and maybe. – Oh ain't no 'maybe' in it! I know what's happening! In Chicago down in the basement there, and-and-and those churches down there, they got a saloon down there, and every kind of hamburger and steak you want, cooked down in the basement. But upstairs, they in church. No doubt! If that ain't a – some big reverend's place of business and everything. He go down and shoot hisself good with some alcohol or something another, then go back up and serve.

Well now, I won't do that, diweddodd Kizart, gan droi'r byrddau ar y Cristnogion a chan bwysleisio dilysrwydd ei ymroddiad yntau i'r *blues – I just serve* one *way!*

Mae'r ffaith ei fod yn bwrw'i gas fel hyn yn tystio i rym yr Eglwys yng nghymuned y duon, ac yn union fel mae aelodau'r Eglwys yn amheus o bobl sy'n canu cerddoriaeth y diafol, mae llawer iawn o *bluesmen* yn anfodlon canu caneuon crefyddol. Mae rhai'n gwrthod yn blwmp ac yn blaen. Mae eraill wedi recordio cerddoriaeth efengylaidd ond o dan ffugenw. *Blues* yw'r rhan fwyaf o'r caneuon a recordiwyd gan Blind Lemon Jefferson, ond recordiodd bedair cân efengylaidd, y tair cyntaf o dan y ffugenw 'Deacon L. J. Bates'.

13

Y tu mewn i Eglwys Dduw
yng Nghrist, Clarksdale,
Mississippi.

Crynhoir y dilema gan ddyn arall o Mississippi, James 'Son' Thomas
mewn sgwrs â William Ferris:

Well, uh, I used to practice in a quartet some too [h.y. mewn grŵp capella efengyl-
aidd], *but after I started playin the guitar I just let the quartet go. Because you can't
carry blues and uh go to church and get up there and sing with them, call yourself a
church member, and then you know you gonna sing the blues at night. I don't imagine it
would be no harm in – to sing a church song, but I'm talkin about, just like you – you*

gon, say gon be belongs to church, and then you gon carry both of it on. So well, Satur-
day night you go to Greenville, you gon play at a nightclub over there, Sunday morning
you gon come over here and go to church. Now I'd be afraid to do that, 'cause somethin
bad can *happen to you.*

*   *   *

Mewn diwylliant â chanddo ddau begwn (nid y seciwlar a'r crefyddol, ond
Iesu a'r diafol), a lle priodolir i'r *blues* y swyddogaeth o fod yn gerddoriaeth y
diafol, does ryfedd fod rhai cantorion, wrth symud o'r naill begwn i'r llall,
wedi derbyn y diffiniad ffwndamentalaidd o'r *blues* yn llythrennol. Un canlyn-
iad yw fersiwn werin o chwedl Faust, lle mae'r *bluesman* yn ei werthu'i hun i'r
diafol yn gyfnewid am y ddawn i ganu cerddoriaeth y diafol. Dichon mai
fersiwn orau'r stori yma yw honno a adroddir gan y canwr mawr o'r Delta,
Tommy Johnson (ganed tua 1896), amdano'i hun. Yn ôl gwaith ymchwil David
Evans, roedd Johnson eisoes wedi dechrau dysgu'r gitâr tua 1910 gan ei frawd
hŷn LeDell. Ond tua 1912 rhedodd i ffwrdd yng nghwmni dynes hŷn ac ni
welwyd ef am ddwy flynedd. Pan ddychwelodd adref, roedd wedi meistroli
techneg y gitâr *blues* i'r fath raddau fel ei fod yn well gitarydd o dipyn na'i
frawd.

Roedd LeDell eisiau gwybod sut yr oedd Tommy wedi gwella mor gyf-
lym. Ailadroddodd ateb ei frawd i David Evans flynyddoedd yn ddiwedd-
arach:

> *Now if Tom was living, he'd tell you. He said the reason he knowed so much, said he sold*
> *hisself to the Devil. I asked him how. He said, 'If you want to learn how to play anything*
> *you want to play and learn how to make songs yourself, you take your guitar and you go*
> *to where a road crosses that way, where a crossroad is. Get there, be sure to get there just a*
> *little 'fore twelve o' clock that night so you'll know you'll be there. You have your guitar*
> *and being playing a piece there by yourself. You have to go by yourself and be sitting*
> *there playing a piece. A big black man will walk up there and take your guitar, and he'll*
> *tune it. And then he'll play a piece and hand it back to you. That's the way I learned to*
> *play anything I want.'*

Câi straeon tebyg eu hadrodd yn y Delta yn y 1930au am Robert Johnson.
Bu'r *bluesmen* hŷn, Son House a Willie Brown, yn gwneud hwyl am ben ym-
drechion Johnson i ddysgu'r gitâr ganddynt. Fel Tommy Johnson, nad oedd yn
berthynas iddo, diflannodd Robert Johnson yn ddirybudd am flwyddyn. Pan

ddychwelodd, roedd yn well gitarydd na'r ddau hen law. Daliai House i gofio cael ei synnu gan dechneg y dyn ifanc: *When he finished, all our mouths were standing open. I said, 'Well, ain't that fast! He's gone now!'* Roedd House ac eraill a oedd yn nabod Johnson yn argyhoeddedig nad oedd yn naturiol i dalent ddatblygu mor sydyn â hyn, a bod Johnson wedi ei werthu'i hun i'r diafol am ei gerddoriaeth.

Flynyddoedd yn ddiweddarach, mae'n anodd gwybod pa goel i'w roi ar stori Tommy Johnson. A oedd yn *jeifio* ei frawd er mwyn cuddio gwir darddle ei ddoniau sydyn ac er mwyn creu rhyw ddirgelwch amdano'i hun? Neu a oedd yn credu'r stori'i hun? Y naill ffordd neu'r llall, roedd eraill yn barod iawn i'w gredu. Roedd *hoodoo* (cyfuniad o gonsurio 'du' Affricanaidd ac Ewropeaidd) yn rym pwerus o hyd mewn ardaloedd gwledig fel y Delta ac nid yw wedi darfod yn llwyr hyd yn oed heddiw. Ond mae i'r stori ryw fath o wirionedd seicolegol. Roedd cantorion fel Tommy a Robert Johnson (mewn gwahanol genedlaethau) ymhlith y perfformwyr mwyaf disglair, ond fe aeth eu bywydau yn yfflon. Daeth Tommy Johnson yn alcoholig rhemp yn gynnar yn ei oes. Yn ôl LeDell, ei frawd, byddai'n yfed unrhywbeth alcoholaidd gan gynnwys Sterno (tanwydd coginio) a *bay rum* (ar gyfer y gwallt). Disgrifiodd brawd arall, Mager, i David Evans sut y byddai Tommy yn paratoi'r Sterno – y *canned heat*:

> *That canned heat, you know, it was red. It was in those little old cans. When you opened it, take the top off the can. He'd strike him a match and burn it, burn the top of it. And he'd put it in a rag and strain it. It's got juice in it. Squeeze the juice out of it into a glass. And then get some sugar and put it in there. And then some water. And there he'd go.*

Drwy ryw wyrth, ni fu farw Tommy Johnson tan 1956, pan gafodd drawiad ar y galon mewn parti lle buasai'n canu drwy'r nos ac yn yfed *canned heat* ymhlith pethau eraill yn ôl LeDell.

Rhagwelodd y diwedd mor gynnar â 1928 yn un o'r caneuon mwyaf grymus a recordiwyd ganddo, 'Canned Heat Blues': *Cryin mama-mama-mama, you know canned heat is killin me . . .*

> *Cryin mama-mama-mama cryin canned heat is killin me*
> *Canned heat don't kill me, cryin babe I'll never die.*

Yn unol â'r myth Ffawstaidd, bu'n rhaid i Robert Johnson yntau dalu am ei gerddoriaeth â'i fywyd. Ar ôl dau o'r sesiynau recordio pwysicaf yn hanes y *blues* ym 1936 a 1937, fe'i llofruddiwyd drwy'i wenwyno, a bu farw'n ara deg ac yn boenus ym 1938, yn saith ar hugain oed.

*   *   *

I just serve one *way!* meddai Lee Kizart, gan herio yn eu hiaith eu hunain y pregethwyr sy'n gwasanaethu'r Arglwydd. Mewn byd a bolareiddiwyd rhwng Iesu Grist a'r diafol, daeth y *bluesman* i'w ystyried ei hun yn rhyw fath o bregethwr, un a elwid i bregethu'r *blues*. Ond nid efengyl mo'r *blues* yn y cyddestun hwn, nid 'newyddion da' mo'r *blues*; yn hytrach, fel y gwelwyd eisoes, mae'n fynegiant i feddwl aflonydd a rhwygedig.

Deillia 'Preaching Blues' (1936) Robert Johnson o gân estynedig gan ei athro, Son House, a recordiwyd, chwe blynedd yn gynt, sef 'Preachin' the Blues'. Mae'r gân yn treiddio'n ddyfnach i ddilema math arbennig o *bluesman* ac i natur y *blues* nag unrhyw gân arall y gwn i amdani.

Yn ei laslencyndod, roedd Son House (ganed 1902) yn edrych fel pe bai'n barod i fynd yn bregethwr. Roedd eisoes yn pregethu mewn eglwysi lleol ym Mississippi pan oedd yn bymtheg oed. Erbyn y 1920au cynnar, roedd wedi'i alw ac fe wasanaethodd am gyfnod fel pregethwr gyda'r Bedyddwyr yn ardal Lyon, Mississippi. Ond yng nghanol y 1920au, dechreuodd ddysgu'r gitâr *blues*, gan ganu gyda cherddorion lleol yng nghyffiniau Lyon a Robinsonville. Yna, ym 1928, fe saethodd ddyn ac fe'i dedfrydwyd i bymtheng mlynedd yn y Fferm Garchar Daleithiol enwog yn Parchman. Er gwaethaf hyd ei ddedfryd, oherwydd natur fympwyol y gyfraith ym Mississippi cafodd ei ryddhau flwyddyn yn ddiweddarach, pryd y cyfarfu â Charley Patton. Arhosodd y ddau yng nghwmni'i gilydd. Ym 1930, bu'n recordio o leiaf chwe chân *blues* (does neb yn siŵr faint yn union) i Paramount yn Grafton, Wisconsin, gan gynnwys, yn ddigon anarferol, dair cân ddwyran – hynny ydy, *blues* sy'n ymestyn dros ddwy ochr disg 78 – yn eu plith 'Preachin' the Blues'. Mae'n amlwg bod House eisoes wedi derbyn yr 'alwad' arall i bregethu'r *blues* erbyn iddo gael ei ddedfrydu i Parchman, ac ni welodd y dyn hynod grefyddol yma ffordd o gymodi rhwng y *blues* a Christionogaeth.

Cân arbennig iawn yw 'Preachin' the Blues'. *Oh I'm gonna get me religion*, yw ei gân ddwys yn y pennill cyntaf, *I'm gonna join the Baptist Church*. Ond mae'r drydedd linell, yn hollol annisgwyl, yn tanseilio hyn, gan ei bod yn llawn dirmyg ac yn amlygu diffyg ffydd nodweddiadol y *bluesman* mewn pregeth-

14
Wal yng nghartref Lee
Kizart, Tutwiler,
Mississippi.

wyr, *I'm gonna be a Baptist preacher, and I sure won't have to work.* Nid yw bellach
yn pregethu'r efengyl, mae'n pregethu'r *blues*. *Oh, I'm gonna preach these blues
now*, meddai, gan fynd i hwyl fel y byddai pregethwyr, gan annog ei gynulleidfa
i ymuno yn ysbryd ei eiriau, *and I want everybody to shout:*

> *Mmmmmmmmm – and I want everybody to shout*
> *I'm gonna do like a prisoner, I'm gonna roll my long time out.*

Mae'r llinell olaf yma'n cyfeirio'n ôl at ei brofiadau yn Parchman y flwy-
ddyn gynt, lle tybiai y byddai'n rhaid iddo dreulio pymtheng mlynedd. Ar y
dechrau mae'r llinell hon yn taro'n chwithig yn y gân yma, yn anghyson â'i
chyfeiriad cyffredinol. Mewn gwirionedd, mae'n mynd at graidd dilema Son
House, oherwydd tra ei fod bellach yn bregethwr y *blues*, mae hefyd yn wystl
i'r *blues*. Fel Faust, byddai Son House yn gweddïo pe medrai, *Oh in my room, I
bowed down to pray* – ond nid yw ei ymrwymiad Ffawstaidd i gerddoriaeth y
diafol yn gadael iddo: *Then the blues came along and they blown my spirit away.*
Mae'r gân yn actio'r hen frwydr Gristionogol oesol rhwng Iesu Grist a'r byd
am yr enaid. *Oh I have religion on this very day*, mae House'n canu yn y ped-
werydd pennill, *But the womens and the whiskey well they would not let me pray.*
    Wedi'i yrru o'r naill begwn i'r llall, mae'n cofleidio'r byd yn y pennill
cableddus nesaf:

> *Oh I wish I had me a heaven of my own*
> *(wedi'i lefaru: Great God Amighty!)*
> *Yeaahhh – a heaven of my own*
> *Well I'd give all my women a long, long happy home.*

Yn yr ail ran, mae House yn penglinio i weddïo unwaith eto, ond y tro
hwn fel pregethwr y *blues*, *When I get up I'm gonna see if my preachin suit a man's
ear.* Cadarnheir hyn yn y pennill nesaf, a gymerwyd gan Robert Johnson fel
pennill cyntaf ei 'Preaching Blues' yntau:

> *Well, I met the blues this mornin walkin just like a man*
> *Ohhhh-oh-ohhhh walkin just like a man*
> *I said 'Good morning blues, now give me your right hand'.*

Y pennill hwn yw uchafbwynt y gân ac ynddo fe selir ymrwymiad. Mae'r
canwr bellach yn *bluesman*, rhaid iddo bregethu efengyl y *blues* yn unol â'r
grym sy'n ei yrru ac yn ei blagio:

Oh, I got to stay on the job, I ain't got no time to lose,
Yeaah – I ain't got no time to lose
I swear to God, I've got to preach these Gospel blues
(wedi'i lefaru: *Great God Amighty*)

Mae'r *blues* wedi'i feddiannu ac mae'r meddiant yn peri'n union yr un fath o emosiwn ag y mae mynd i hwyl mewn eglwys yn ystod pregeth rymus neu berfformiad *gospel* emosiynol. *Oh I'm gonna preach these blues, and choose my seat and set down,* meddai yn y pennill olaf – fel pe bai mewn eglwys *blues* – fel pe bai'r ysbryd a'r hwyl ar fin ei adael er mwyn meddiannu rhywun arall:

Oh, I'm gonna preach these blues now, and choose my seat and set down
When the spirit comes sisters, I want you to jump straight up and down.

Mae 'Preachin the Blues' yn gân unigryw. Dim ond rhai cantorion megis Tommy Johnson, Son House, a Robert Johnson aeth ati'n fwriadol i archwilio ac ecsbloetio'r rôl a orfodwyd arnynt, sef 'cerddorion y diafol'. Ond roedd y broblem a grewyd gan y ddeuoliaeth yn gyffredin i'r *bluesmen* er nad oeddent i gyd yn ei mynegi fel hyn.

Mae'n ffasiynol y dyddiau yma ym myd llenyddiaeth y Gorllewin i ymwrthod â'r syniad o *poète maudit,* y bardd damnedig, fel lol rhamantaidd. Ond i rai *bluesmen* does yna fawr o amheuaeth fod y syniad yn cyfateb i'r gwirionedd. Ym merw ffwndamentalaidd y Delta, doedd dim tir canol, dim ond Crist ac iachawdwriaeth ar y naill law, y diafol a damnedigaeth ar y llall. Mae'n ddigon hawdd i'r person o'r tu allan weld y *blues* fel cerddoriaeth seciwlar, fel y mae, wrth gwrs, ar un lefel. Ond ni fedrai Son House a'i debyg ymddihatru o'r argyhoeddiad fod y ddeuoliaeth ffwndamentalaidd yn wir, ei bod yn mynnu dewis gan yr unigolyn, a bod yn rhaid i'r unigolyn ddygymod â chanlyniadau'i ddewis.

Yng nghymdeithas wledig y duon yn ystod degawdau cynnar yr ugeinfed ganrif, roedd gan ganwr *blues* da statws a oedd yn cyfateb i statws pregethwr. Roedd y ddau'n dilyn 'galwad', roedd gan y ddau dalent, y naill fel pregethwr (gan fod y bregeth yn rhan ganolog a dramatig mewn oedfaon Bedyddwyr y De), y llall fel cerddor a chanwr; mae'r naill rôl a'r llall yn gofyn am ymarfer ac ymroddiad, ond mae dirgelwch hefyd yn perthyn i'r ddau. Ni all neb esbonio creadigrwydd cerddor neu fardd da, ac yn yr un modd, ni all neb ddweud (mewn termau Cristnogol ffwndamentalaidd) ar bwy y bydd yr Arglwydd yn

Marciau beddau.

galw i'w wasanaethu yn Ei weinidogaeth. Eto i gyd, golyga pregethu'r *blues* dderbyn galwad a all fod yn beryglus, ac nid yn unig o ran y cwmni y tuedda *bluesmen* ei gadw, na'r ffordd o fyw sy'n gysylltiedig â'r *blues*, ond oherwydd y corneli tywyll o'r meddwl y gall y *blues* gael mynediad iddynt a'r dyfnderoedd y gall rhai *bluesmen* eu plymio.

Hwyrach fod Tommy Johnson wedi adrodd ei stori am sut y gwerthodd ei enaid i'r diafol wrth ei frawd, LeDell (a ddaeth yn bregethwr yn ddiwedd-arach), mewn ysbryd digon ysgafn, ond er na chollodd erioed ei ddawn an-hygoel fel canwr *blues*, difaodd ei fywyd drwy'i alcoholiaeth ac, yn ddiau, roedd cysylltiad rhwng ei dalent a'i dynged. Does fawr o amheuaeth chwaith fod Robert Johnson yn ystyried ei fod wedi'i ddamnio:

> *I got to keep movin*
> *I've got to keep movin*
> *blues fallin down like hail*
> *blues fallin down like hail*
> *Mmmmmm mmmm mmmm,*
> *blues fallin down like hail*
> *blues fallin down like hail*
> *And the day keep on worryin me*
> *there's a hellhound on my trail*
> *hellhound on my trail*
> *hellhound on my trail*

* * *

Ni fydd y Cristion sy'n cael ei aileni byth yn anghofio eiliadau'r ailenedigaeth. Mae'r un peth yn wir am y *blues*. Ni fydd neb yn anghofio pryd y daeth y *blues* i gnocio wrth eu drws. Fel y cawn ein hatgoffa gan Lightning Hopkins, *The blues is something that the peoples can't get rid of. Yeah. And if you ever have the blues, remember what I tell you. You'll always have it in your heart. That's the blues.*

Amser Caled

Big Walter-the-Thunderbird-from-Coast-to-Coast. Dyna sut yr hoffai Walter Price ei gyflwyno'i hun yn y chwedegau pan fyddai'n canu caneuon fel 'Kissa Me One More Time', fel act wrth gefn mewn clwb strip i'r gwynion yn Houston, Texas. Ond, yn ei feddwl, roedd yn ôl yn y pumdegau a'r adeg pan roddodd y gorau i weithio ar y rheilffordd i fentro'i law fel canwr gan gyhoeddi cân lwyddiannus yn y De o'r enw 'Calling Margie'. Ond ni chafodd mo'r un llwyddiant ar ôl honno a dyna ben ar ei yrfa. Yn ôl yr ymchwilydd o Sais, Mike Leadbitter (sy'n gy.frifol am y manylion hyn), roedd Price, yn ganol oed, wedi mynd yn ddyn chwerw, blin a yfai'n drwm. Disgrifia Leadbitter yr olwg oedd arno pan gyfarfu'r ddau yn y chwedegau yn Houston. Byddai Big Walter pryd hynny tua phumdeg pump oed:

> Does dim ôl bellach o'r dyn golygus, nerthol a fu pan oedd ei yrfa yn ei hanterth. Erbyn hyn mae'n ddyn bach, crwm, llwyd yn pwyso ar ffon drom oherwydd ei gloffni. Pan fydd yn sobr mae'n ddigon clên ond pan fydd wedi meddwi, fe ddaw'n dipyn o fegalomaniac, sy'n breuddwyddio y daw ei ddydd eto drwy fand mawr, trefniadau mawr a dawnswyr bron-noeth.

Ond breuddwydion gwrach oedd y rhain i gyd achos y gwir amdani oedd mai methiant oedd Big Walter bellach na wnâi byth ennill cyfoeth drwy fod yn ganwr enwog. Ni fyddai byth yn dianc rhag tlodi'r *ghetto* yn Houston, ac yng ngwaelod ei galon, fe wyddai hynny.

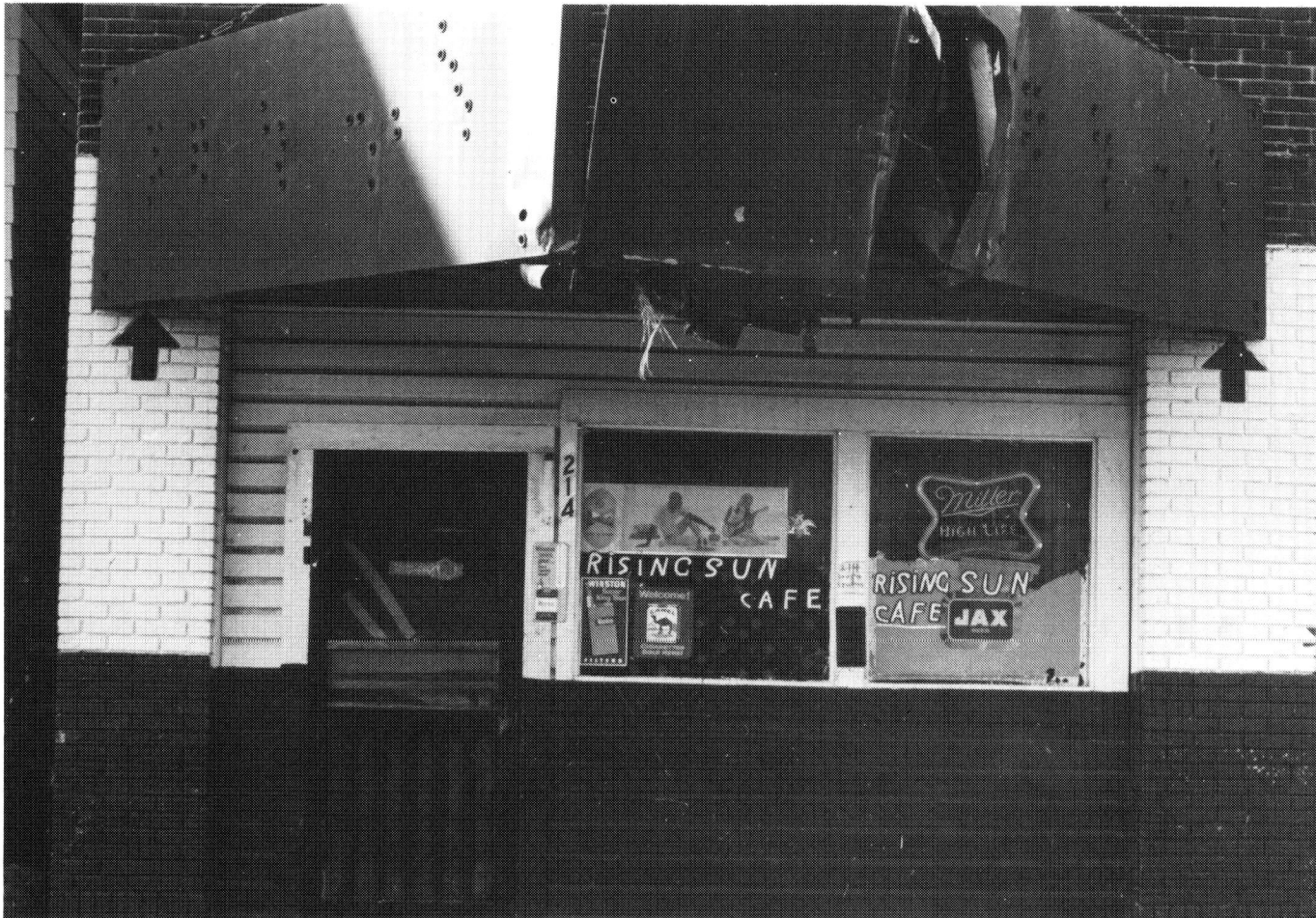

Juke joint.

Yn eironig ddigon, byddai'n dibrisio'r ddawn nid ansylweddol a oedd ganddo fel pianydd a chanwr, oherwydd, yn ôl Leadbitter, (yn ysgrifennu ym 1970), 'Mae'n pallu credu fod yna neb sy'n hoffi'r stwff hen-ffasiwn 'na.' Ceir cipolwg o'i dalent ar ddau recordiad a wnaed yn breifat gan glwb nos i'r duon ym 1965 o flaen cynulleidfa frwd.

Blues llafar ara deg yw un ohonynt, 'Nothing but the Blues', lle y mae Big Walter yn ystyried ei sefyllfa a sefyllfa duon eraill yn y *ghetto*. Mae'r recordiad, sydd braidd yn amrwd, yn cyfleu, yn well na dim byd o'r stiwdio, naws *juke*

joint a'r berthynas rhwng y canwr a'i gynulleidfa. Mae'r Thunderbird yn cyf-
eilio iddo ef ei hun ar y piano, perfformiad sy'n gofiadwy oherwydd y gwaith
telynegol gyda'r llaw dde yn y trebl, y nodau'n cwafrio ac yn ffrydio'n riffiau
anhygoel, mewn gwrthgyferbyniad â myfyrdod eironig a dicllon y canwr. Yn
y cefndir mae'r bobl yn y clwb yn chwerthin ac yn siarad â'i gilydd, ond yn
dal i wrando, gan borthi'n ffraeth pan fydd Big Walter yn cyffwrdd â rhyw
nerf sy'n gyffredin i bawb.

Times sure is tough, mae'n dechrau, *no job, no money, nowhere to go. Seem like
to me everybody done turned their back on me. – Yepp!* meddai rhywun yn y gynull-
eidfa. Pan fydd pethau'n dlawd arnat ti gall amser bwyso'n drwm. Efallai'r ei
di i lawr i'r *juke joint – drop a nickle in the juke-box and drink a bottle of beer, and
have to walk home.* Os oes raid iti wneud galwad ffôn, bydd rhaid iti fynd drws
nesa. Os na fedri di gael ateb byddi di'n gorfod mynd yn ôl am yr eildro, *go
back the second time, your neighbours get mad, say 'Hmm-hmm! He sure do worry
me. Every time I turn round he wants to use the phone!' Don't realize you don't have
a job*, medd Big Walter. *Sure is tough. – Yeh, man*, meddai llais menyw. *Real tough!*

Decide to take a walk at night, wrth i'r piano ddechrau ar y 12 bar nesaf –
Oww! Wait a minute! mae llais dyn yn gweiddi o'r gynulleidfa. Mae'n gwybod
beth sy'n dod nesaf. *Here come the Man, runnin up shinin his light in your face. He
ask you, 'Where is you goin boy?' If you get smart, you knows you goin to gaol. Come
talkin about 'Boy why don't you get you a job?' And you done looked a l l day, and
ain't nothin happenin. Come lookin, 'I suppose you goin to* take one!' *Then you* know
you goin to gaol! Then you really got *the blues*!

I'm just goin to sit right here and play my piana – Ha-ha-ha-ha! meddai rhywun
yn y gynulleidfa. It *don't belong to* me! meddai Walter gan synhwyro'r awyr-
gylch. *Long as you got a job and money you got a woman – once you lose that job –
mister you in a bad shape.* Yn sydyn mae yna eironi, *Have to go back to mother then.*

Sometimes it make you feel like you want to commit suicide. Sure is tough . . .

*   *   *

I lawer iawn o dduon y De byddai'r amser caled yn dechrau ar y tir lle caent
eu cyflogi fesul diwrnod ar y planigfeydd mawr neu lle caent rentu ffermydd
bychain. Y system a rwymai'r tenantiaid hyn wrth y tir ac a'u cadwai mewn
dyled barhaus i'r tirfeddiannwr oedd *share cropping*. Bob blwyddyn, byddai'r
tenant yn derbyn nwyddau o siop y blanhigfa, gan gynnwys bwyd, dillad,
hadau ŷd a hadau cotwm ac, efallai, hyd yn oed ei ful a'i aradr. Adeg y cyn-

17

Hen gaban un-ystafell.

haeaf, byddai'r *boss*, a fyddai'n aml hefyd yn gwerthu'r cotwm ar ran ei denantiaid, yn tynnu cost y nwyddau dros y flwyddyn o'r pris gwerthu. Mewn egwyddor roedd beth bynnag oedd yn weddill yn elw i'r tenant. Mewn gwirionedd, byddai'r prisiau'n cael eu trefnu gan y perchennog gwyn fel y byddai'r tenant bob amser mewn 'dyled', ac yn gorfod 'benthyg' arian i brynu nwyddau (o'r *commissary*, sef siop y perchennog) ar gyfer y flwyddyn gan-lynol. Fel hyn, doedd y ddyled byth yn cael ei thalu. Pe baech yn cwyno neu'n herio ffigyrau'r dyn gwyn, byddai yna beryg ichi gael eich curo neu'ch lladd.

Y system yma, gyda'i chymysgedd o ddibyniaeth economaidd, trais ac ofn, fu'n gyfrifol am gondemnio llawer iawn o bobl dduon i rywbeth digon tebyg i gyflwr caethweision yn ystod degawdau cynnar yr ugeinfed ganrif.

Erbyn diwedd y 1940au, roedd *share-cropping* yn diflannu, er iddo barhau mewn rhai ardaloedd anghysbell hyd at y chwedegau. Cof chwerw iawn ohono sydd gan y rheini a'i ddioddefodd.

Cof felly oedd gan y *bluesman* o'r Delta, Jasper Love, pan fu William Ferris yn ei holi yn Clarksdale ym 1968:

> *All right, you start picking cotton and about settling time you done picked about twenty-five bales of cotton and go in to settle. He'd* [y dyn gwyn] *pop his finger on you when you walk in. 'Joe, I sat up all night trying to figure things out. Here you done made twenty-five bales of cotton. I just don't want to tell you, Joe, hard as you've worked. I don't want to tell you. I just don't want to tell you. Here. Smoke a cigarette.'*

Fe ŵyr y tenant du'n barod beth sy'n dod nesaf:

> *He's setting up at the table and ain't got nothing on the table but money. You think you gonna get it? Out of the question. He'd set there and he'd figure and figure and when he git through, he'd pop his finger again. 'Looka here. If you'd have made one more bale of cotton, this is what you'd of had as your part. But by the time I git all of mine and your eating and everything, Joe, I just ain't got the heart to tell you. How much you want to borrow?'*

Cofiai dyn *blues* arall o'r Delta, Gussie Tobe, eto mewn sgwrs â William Ferris, y cyfnod cyn yr Ail Ryfel Byd. Roedd Tobe yn yfed wisgi ac yn cynhyrfu ac yn gwylltio fwyfwy wrth iddo siarad:

> *I remember the time I was ploughing for fifty cents a day. Shit! What could you buy with it? And when you ploughed for that fifty cents a day, you know what they'd do?* [Mae'n dynwared llais awdurdodol dyn gwyn] *'Come on down to the commissary there, Gussie.' Or 'John, come on down there.' And he'd pay you half in money* [Mae'i wraig yn torri ar ei draws: *Half in duplicates*] *take half up, the rest and just hand you damned duplicates* [h.y. tocynnau ar gyfer siop y blanhigfa]. *And some of them had that old goddamn 'money' in that store, what that old goddamn stuff – 'money'! They'd pay you off in that money, but you couldn't spend it* in a damned place *but at that store. Have a pocket* full *of money, but where could you spend it? You couldn't go out there and buy you a beer or maybe get you a girl and go out to a good old resting-place and enjoy your life some – you had to spend it right down there at that goddamn ROBISSARY! Not a commissary. A robissary.*

Worked all the summer, worked all the fall . . . chwedl pennill y *downhome blues* traddodiadol, *Now I got to take Christmas in my overalls.*

* * *

Ond nid y perchennog oedd unig broblem y tenant. Busnes anwadal oedd tyfu cotwm. Yn ystod degawdau cynnar y ganrif yma, roedd pris cotwm yn hynod ansefydlog ar farchnad y byd, ac yn medru plymio'n hollol ddisymwth. I ffermwr bach nad oedd ond yn crafu bywoliaeth, gallai gostyngiad o *cent* neu ddwy ym mhris pwys o gotwm fod yn ddigon i'w dorri.

Ambell waith, byddai gwyfyn y cotwm – y *boll weevil* – yn ymosod ar ffrwyth y cotwm ac yn ei ddinistrio neu, yn y cyfnod cyn codi'r cloddiau (y *levees*) ar hyd glannau'r Mississippi yn y 1930au, byddai llifogydd yn boddi ardaloedd eang. Cafwyd llifogydd gwaetha'r ganrif yma ym 1927, pan orchuddiwyd 16,500,000 o erwau yn nhaleithiau'r De, gan ddifetha bywoliaeth miloedd o ffermwyr. Roedd y llifogydd hyn (fel yr hen wyfyn melltith), yn destun llawer o ganeuon *blues* a recordiwyd ar ddiwedd y 1920au gan gynnwys cân ddwyran Charley Patton, 'High Water Everywhere' (1929).

Gelyn arall y ffermwr cotwm – neu i unrhyw ffermwr – oedd sychdwr hir. Roedd y tenant yn hollol ddiymadferth yn wyneb trychinebau naturiol o'r fath, ac fe ddisgrifir hyn, yn well nag mewn unrhyw gân arall y gwn i amdani yn 'Dry Spell Blues' (1930), gan Son House. *Now the people down South soon won't have no home*, meddai yn yr ail bennill:

> *Oh Lordy the people down South soon won't have no home*
> *'Cause the dry spell have parched all the cotton and corn.*

Mewn pennill arall, sonia sut mae'r gwyfyn, gelyn pennaf y ffermwr cotwm, hyd yn oed wedi marw oherwydd y sychdwr. Does dim byd i'w wneud ond *bootleg moonshine and rye* [wisgi anghyfreithlon].

Problem y ffermwr a oedd yn gaeth i *share-cropping*, hyd yn oed heb y sychdwr, oedd ei fod yn tyfu un cnwd yn unig. Os oedd pris cotwm yn disgyn, a phris cotwm yn unig, câi ei ddal mewn magl. Llwydda House i gyfleu hyn mewn un ddelwedd dorcalonnus: *Pork chops is forty-five cents a pound, cotton is only ten* . . ., gan ychwanegu fel Big Walter, y sylw chwerw, *I can't keep no women, no no nowhere I been.*

Shotgun shack, Watersville, Mississippi.

Mae tueddiadau crefyddol cryf Son House yn peri iddo weld yr hyn sy'n digwydd mewn termau pur apocalyptaidd. *It have been so dry you can make a powder house out of this world . . .* Ond hefyd, mae'n deall yn iawn sut mae'r system yn gweithio, a sut mae dyn yn ei defnyddio. Os uffern ar y ddaear yw'r sychdwr i'r fferm, mae'r sefyllfa'n gwaethygu oherwydd dyledion cynyddol a phwysau o du perchenogion y blanhigfa a'r banciau. Mae'r rhain i gyd yn teimlo'r esgid fach yn gwasgu ac yn troi ar y *share-cropper* druan sydd ar waelod y pentwr. *Then*, meddai ar ddiwedd y pennill, *all the money men like a rattlesnake in his squirl* [h.y. wedi'i dorchi, yn barod i daro].

Mae talaith Mississippi'n anferth. Mae hefyd yn wledig tu hwnt, yn wag ac eithrio treflannau ynysig, dwsin neu ddau o drefi, dim un ohonynt yn ymylu ar fod yn ddinas. Prif nodweddion y tirlun yw'r planigfeydd a chabanau'r ffermwyr. Ar adeg llifogydd neu sychdwr mawr, gall ymddangos i ddyn tlawd sydd ar ben ei dennyn, nad oes dim byd i'w wneud, nad oes unrhyw ddihangfa: *I done throwed up my hands, Lord and solemnly swore . . . There ain't no need of me changin towns, it's a drought everywhere I go.*

Cyfleir anobaith y ffermwr gan un o benillion llymaf y *blues*:

> *Well I stood in my back yard, wrung my hands and screamed*
> *I stood in my back yard, I wrung my hands and screamed*
> *And I couldn't see nothin, couldn't see nothin green.*

I Son House, doedd ganddo nunlle i droi ond at Dduw. *These blues, these blues, is worthwhile to be heard . . . God's very likely – bound to rain somewhere.*

Hyd yn oed yn ystod yr 'amseroedd da', roedd tyfu cotwm ac aredig gyda thîm o fulod o fore gwyn tan nos yn waith caled y diawl. Symudodd y pianydd, Mercy D. Walton (ganed 1915) i California ar ddiwedd y 1930au, ond yn ystod ei ieuenctid bu'n gweithio fel *share-cropper* yn ardal Brazos Bottom yn Texas. Nid anghofiodd y profiad byth. Ym 1962, recordiodd 'Walked Down So Many Turnrows' (pen y dalar yw *turnrow*): *Walked down so many turnrows,* meddai ar ddechrau'r gân, *I can see them all in my sleep . . .*

> *Share croppin down here in this dark muddy bottom, with nothin but hardtack and sorghum to eat.*

Lladdfa ddiddiwedd oedd bywyd y *share-cropper* yn ystod y tymor tyfu:

> *Four-thirty and I'm out in the barnyard tryin to hook up my poor beat-out raggedy team . . .*
> *All of my stock is dyin of starvation and my boss is so doggone mean.*

Llwyddodd Walton i ddianc o'r ffordd yma o fyw. Fel cymaint o dduon y De a oedd yn gaeth i'r tir, trodd ei olygon tua'r gogledd neu'r gorllewin – rywle lle na fyddai'n rhaid iddo ffermio. *Now there's got to be some change made around here people,* meddai yn y pennill olaf, *I'm not jivin that's a nat'ral fact . . .*

I'm gonna jump on one of these poor mules and start ridin and I don't care where we stop at.

*   *   *

Pan ymunodd America yn y Rhyfel Byd Cyntaf, cynyddodd y galw am lafur yn y diwydiannau trwm a'r diwydiant arfau, a bu'n gyfle i'r duon chwilio am waith yn ninasoedd diwydiannol y gogledd fel ffordd o ddianc rhag tlodi cefn gwlad. Adlewyrchir hyn yn nifer y caneuon *blues* sy'n sôn am y rheilffyrdd a'r priffyrdd taleithiol mawr, megis Highway 61 sy'n rhedeg o New Orleans i St Louis, neu'r IC – yr Illinois Central – y rheilffordd sydd, fel Highway 61 yn dechrau yn New Orleans ac yn croesi'r Delta i Memphis lle bydd yn gwyro tua Chicago.

Byddai rhai'n dal trên nwyddau wrth iddo adael yr iard, neu'n rhedeg a neidio arno wrth iddo arafu o gwmpas y tro; byddai eraill yn ffawd-heglu, neu'n gyrru croc o Fodel-T a byddai ambell un hyd yn oed yn cerdded pob cam. Yn aml byddai'r ymfudo'n digwydd mewn tonnau, wrth i newyddion gyrraedd y De am swyddi newydd yn Chicago neu Detroit, Washington, Philadelphia neu Efrog Newydd. Weithiau, byddai'r ymfudo'n digwydd fesul cam – o'r fferm i dref fechan fel Clarksdale yn Swydd Coahoma, Mississippi; yna, symud ymlaen, efallai, i Memphis lle y gallai rhai gael hyd i waith a lle y byddent yn aros, tra byddai eraill yn symud ymhellach byth i'r gogledd i St Louis neu, yn y pen draw, i Detroit a Chicago. Ble bynnag yr aent, âi cantorion y *blues* hefyd; roedd llawer ohonynt yn grwydrol, wrth eu proffesiwn – ac wrth eu natur. Weithiau byddent yn byw drwy chwarae mewn *juke joints* a chlybiau neu ar gornel strydoedd, weithiau drwy weithio yn ystod y dydd a chanu dros y penwythnos. Fel hyn, yn ystod y dauddegau, datblygodd y *blues* o'u gwreiddiau gwledig i ddod yn gerddoriaeth drefol yn ogystal. Aeth dinasoedd fel Memphis a St Louis, Detroit a Chicago yn ganolfannau pwysig ar gyfer gweithgareddau'r *blues*.

*   *   *

Pan fyddai pethau'n dda a digon o waith i'w gael, tueddai'r bobl dduon i wario a byw bywyd i'r eithaf. Fel y sylwodd George Orwell wrth drafod teuluoedd dosbarth gweithiol Prydain yn ystod y dirwasgiad, yn anaml iawn

Canol y dref, Clarksdale,
Mississippi.

y bydd cyngor y dosbarth canol ynglŷn â phrynu bwyd maethlon a dillad call yn cael fawr o sylw, achos os yw teulu wedi bod yn dlawd erioed, ac yn sydyn maent yn gweld bod ganddynt ychydig o arian, moethau sydd eisiau arnynt – cael hwyl, a rhywbeth o'r sbloet a'r crandrwydd y bydd pobl gyfoethog yn eu cymryd yn ganiataol – nid pregeth. Ac felly ar ddiwedd ail ddegawd a dechrau dauddegau'r ganrif yma, pan oedd gwaith ar gael yn y dinasoedd diwydiannol, gwariai'r duon a oedd newydd ddod o'r De ar geir, dillad crand, ffonograffiau. Yn aml iawn, byddai'r system hur-bwrcasu'n eu hannog, gan arwain pobl i fath newydd ac anghyfarwydd o ddyled. Yna, dechreuodd y dirwasgiad frathu ar ddiwedd y dauddegau, a darganfu'r duon (os nad oeddent eisoes wedi'i wneud) fod y Gogledd yr un mor hiliol â'r De. Pan fyddai cwmnïau'n diswyddo'r gweithlu, y duon fyddai'r cyntaf i fynd.

20

Cefn tŷ *apartment* ar rent i bobl dduon, Chicago, Ebrill 1941.

Nid yw bod yn dlawd yn y ddinas fawr gwell na bod yn dlawd yn y wlad. Dyna'r bobl a oedd wedi prynu drwy hur-bwrcasu'n gweld nad oedd y cwmnïau gwerthu ond ffurf arall ar *the money men in their squirl.* – *I used to have a car,* canai Big Maceo yn 'Tuff Luck Blues' (1941), *and it was painted white and black . . .*

I couldn't keep up the payments, and the Man he took it back.

Roedd y dyn du yn gorfod dod yn giamster ar osgoi y casglwyr dyled a rhent. Mewn rhagair llafar i'r 'Collector Man Blues' (1937), meddai John Lee 'Sonny Boy' Williamson: *Who's that knockin on that do'? I believe that that's that collector man. Man, go tell him I ain't got a dime today. – Tell him I ain't made a cent all this week. Tell him I'm just as broke as I can be . . . I'm down. Tell him but I have some money, some time.*

Mewn gwlad lle nad oedd system nawdd cymdeithasol werth sôn amdani, byddai'r rhai mwyaf darbodus yn ceisio yswirio yn erbyn amseroedd caled. Ond deuai rhagfarn y system gyfalafol anhrugarog i'r amlwg dro ar ôl tro. Yn 'Insurance Man Blues' (1930), mae Washboard Walter yn adrodd stori ddigon cyffredin. Roedd wedi cymryd yswiriant meddygol, yna, daeth y dirwasgiad ac ni fedrai barhau â'r taliadau. *Insurance man came this mornin, he knocked on my door . . . I didn't have no money, and I told him not to come no more.* Yna mae Washboard Walter yn cael ei daro'n sâl. Heb yswiriant, ni all fforddio meddyg, ni all gael cymorth i wella. Gan droi at y gynulleidfa mae'n eu rhybuddio, *You will need your insurance, no matter where you go . . . Don't never drive an insurance man from your door.* Mae'n pledio â'r dyn yswiriant i ymddiried ynddo. Yr wythnos nesa pan ddaw e heibio, bydd yr arian ganddo'n ddiogel. Yna, mae Washboard Walter yn dechrau deall y system gyfalafol, sef byd y dyn gwyn, y byd sy'n ei reoli:

> *Insurance man turned around and he looked me in the eye*
> *Insurance man turned and looked me in the eye*
> *And said 'Death won't credit you when you get ready to die'.*

A'r dirwasgiad yn gwaethygu, does dim dihangfa i rywun sydd yn y twll y mae Washboard Walter ynddo. *Oh well, it's Lordy, Lordy*, meddai yn y pennill olaf, *what am I goin to do? . . . Ain't got no money, now my insurance is due.*

Roedd prinder bwyd, os nad newyn, yn rhemp, ac mae'n thema gyson yng nghaneuon *blues* y cyfnod. Yn 'Miss Meal Cramps' (1928), mae Alec Johnson yn trin y testun hynod ddifrifol yma gyda hiwmor sych. Mae'r cnydau wedi methu, ac mae wedi troi'n grwydryn gan gardota wrth fynd. *If I see a pork chop, Lord I believe I'll pass away*, meddai mewn un pennill. Mewn pennill arall mae'n mabwysiadu tinc mwy cymodlon a doniol y cardotyn: *Won't somebody help me with a little bite to eat . . .*

> *Don't care what you give me, I'd eat even chicken feed.*

Yn sydyn, daeth chwilio am waith yn weithred hollol ddiystyr. *You heard about a job*, medd Barbecue Bob (Robert Hicks) yn 'We Sure Got Hard Times Now' (1930), *and you is on your way . . . Twenty mens after the same job*, meddai ar ddiwedd y pennill, *all in the same old day.*

I lawer, yr unig obaith oedd y cyfle i weithio ar un o brosiectau'r *New Deal*, a drefnwyd gan yr asiantaethau ffederal megis Gweinyddiaeth y Gweith-feydd Cyhoeddus (PWA) neu Weinyddiaeth Prosiectau'r Gweithfeydd (WPA). *I said if you ain't got no money, and got no place to stay*, canai Charlie McCoy yn 'Charity Blues' (1934), *You better get you a job on the PWA.* Ond *Charity Street* oedd hon, a byddai pob person du a dderbyniai ei gilddwrn yn cael gwybod hynny hefyd. *I said I'm goin tomorrow*, meddai McCoy, *out on Charity Street . . . And ask Mr Charity Man can I have some beans and meat.*

Roedd eraill yn fwy sinicaidd ynglŷn â bwriadau da'r Llywodraeth ar gyfer y tlodion – yn enwedig y tlodion duon. Recordiodd Floyd 'Dipper Boy' Council 'I Don't Want No Hungry Woman' ym 1933. Fe wêl wragedd o'i gwm-pas yn mynd i gornel y stryd i fegian *till their feet get soaking wet . . . 'Mister, if you ain't got a nickel, please give me a cigarette'.* Mae Council yn ffonio'r *Welfare* a'r Llywodraeth i ofyn am esgidiau ar gyfer ei fenyw:

> *Yeah, the Welfare didn't answer, the Government didn't pay me no mind*
> *Yeah, the Government didn't answer, the Welfare paid me no mind*
> *'Before you think we gonna help you, boy you'd better change your mind.'*

I lawer iawn, roedd yn ymddangos fel pe na bai dim hawliau ac mai twyll oedd yr hawliau gwleidyddol a enillwyd: *Just before election*, goganai Barbecue Bob yn 'We Sure Got Hard Times Now', *you was talkin how you was goin to vote . . .*

> *And after the election was over, your head down like a billy goat.*

Pe bai angen tystiolaeth o gwbl i brofi bod gormes a thlodi yn arwain at dorcyfraith, byddai *blues* y 1930au'n cynnig achosion enghreifftiol di-ri. *I feel just like stealin*, canai Alec Johnson yn 'Miss Meal Cramps', *there's nothin else to do.* Ond yn 'Tight Times Blues' (1934), mae'r pianydd enwog, Leroy Carr, yn fwy ymosodol, gan weld lladrata yn ffordd o ddial am yr hyn sy'n cael ei wneud iddo. *Times is done got so tight*, meddai, *so I'm gonna rob and steal . . .*

> *It done got so tight, a man can't get a decent meal.*

Yn y gân, mae Carr wedi'i droi allan a'i roi ar y stryd heb nag esgidiau na dillad. *It was thundering out and lightning, oh Lord, how it did rain . . . But somehow I'm gonna get even with that house rent man.* Mae wedi chwerwi a chaledu y tu mewn; yn ei anobaith, mae wedi troi'r gongl. *I done got evil and I done got mean . . . And,* diwedda'r gân, *when I start to stealin, I'm gonna pick the rounders clean.*

*   *   *

Am bob un a droai mewn anobaith at droseddu, troai mwy fyth at alcohol i'w cysuro. O leiaf, fe allai'r botel gynnig dihangfa dros dro o sefyllfa nad oedd gan y dduon reolaeth drosti. Mae alcohol a'i gamddefnydd yn themâu parhaus yn y *blues* ar ddiwedd y 1920au a thrwy gydol blynyddoedd y dirwasgiad yn y 1930au. Weithiau, mae'r caneuon yn frolgar. *I just keep on a-drinkin,* oedd neges Big Bill Broonzy mewn un gân sionc, 'Good Liquor Gonna Carry Me Down' (1935):

> *Yes I keep on drinkin*
> > *Yeah I just keep on a-drinkin*
> *Till good liquor carry me down.*

Ond ceir llawer iawn o *blues* eraill y cyfnod sy'n edrych ar ochr ddinistriol yfed yn sgil anobaith, yn enwedig pan orfodwyd pobl drwy dlodi i yfed diodydd wedi seilio ar alcohol megis Sterno, y *canned heat* a enwogwyd yn 'Canned Heat Blues' Tommy Johnson.

Mae'r math o yfed a ddisgrifir yn y rhan fwyaf o *blues* yn wahanol i'r hyn a adwaenir fel 'yfed cymdeithasol'. Bwriad llawer iawn o bobl dduon – a gwynion tlawd – oedd meddwi mor fuan ag oedd yn bosibl er mwyn cael anghofio'u trafferthion. Mae goblygiadau'r math yma o yfed wedi'u disgrifio'n wych gan y newyddiadurwr a swolegydd o Dde Affrica, Eugène Marais yn *The Soul of the Ape.* Roedd Marais ei hun yn dioddef o iseldra ac yn gaeth i morffin. Yn y bennod 'Dibyniaeth ac Iselder Ysbryd' dadleua mai rhywbeth sy'n gyffredin i ddynoliaeth gyfan yw defnyddio gwenwyn fel alcohol er mwyn lleddfu 'poen ymwybyddiaeth'. Hwyrach nad yw'r teimlad braf a dedwydd a geir ond yn deimlad dros dro, ond i lawer iawn o bobl mae'n well ganddynt hyn nag ymwybyddiaeth pan fo ymwybyddiaeth yn fwrn.

Mae patrwm y ddibyniaeth sy'n dilyn yn hysbys i bawb, yn arbennig heddiw pan fo cymaint o bwysau arnom ynglŷn â sawl 'uned' o alcohol y mae'n ddiogel neu'n rhesymol eu hyfed. Ond, yn anaml y bydd yr ymgyrch-wyr yn erbyn yfed yn trafod gwraidd y broblem, sef, bod pobl yn mynd yn ddibynnol ar alcohol neu ryw gyffur arall, nid oherwydd eu bod yn ei hoffi, ond oherwydd ei fod yn cynnig dihangfa dros dro o sefyllfa annioddefol. Gall hyd yn oed eithafion dibyniaeth ar alcohol ymddangos yn well nag ymwyb-yddiaeth, fel y deallai Marais yn iawn:

> *There is continual alternation between the deepest gloom of abstinence and a mental state, when drunk, which through continuous use of intoxicants begins to resemble sluggish mental anaesthesia rather than positive happiness; but even this psychological narcosis is a respite and becomes to the individual preferable to the normal conditions of suffering.*

I gave my woman a dollar, to get herself something to eat . . . canai'r *bluesman* o Memphis Will Shade yn 'Better Leave that Stuff Alone' (1928), *She spent a dime for a neckbone, the ninety cents for that old canned heat.* Gwyddai Shade yn iawn am y ddibyniaeth ddifaol o fod yn gaeth i *canned heat – Canned heat is just like morphine, it crawls all through your bones* . . .

> *And if you keep on using canned heat mama, you'll soon be in the*
> *place where you just can't leave it alone.*

Cyngor da a geir yn 'Better Leave that Stuff Alone', ond roedd yna lawer iawn yn debyg i'r menywod a welai Will Shade ar Beale Street yn cardota am ychydig ddimeiau i brynu Sterno, na fedrai wrando ar y cyngor.

Yn yr un flwyddyn (1928) yn Atlanta, Georgia, bu Waymon 'Sloppy' Henry yn recordio'i 'Canned Heat Blues' ei hun, sy'n olrhain y dirywiad i anaesthesia meddyliol a ddiffiniwyd gan Marais. Mae Henry yn byw *down in the alley*, lle mae ei ddibyniaeth yn golygu ei fod yn ysgymun hyd yn oed ym-hlith ei gymheiriaid yn nhlodi affwysol Atlanta – *Look like everybody in the alley, sure done got mad with me.* Ond nid ef yw'r unig un:

> *Liza bought so much canned heat, won't sell her no more*
> *Won't sell her no more, hear me talkin*
> *Liza bought so much canned heat, won't sell her no more*
> *She got the cans and the labels, layin all around her door.*

Mae'r sawl sy'n gaeth i *canned heat* (neu *canned heat whiskey* fel y'i gelwid ambell waith) yn syrthio i'r ebargofiant meddwol y bu'n deisyfu amdano, y KO yn y Fro. Ond roedd Will Shade'n iawn, fel morffîn, 'mae'n cropian drwy eich hesgyrn'. Wrth ddeffro fore trannoeth, teimla Sloppy Henry fel pe bai wedi cysgu yn yr awyr agored. Eto does dim dianc rhag hon: *Whisky, whisky, many folk's downfall*, medd y gân,

> *When I can't get my whisky, I ain't no good at all.*

Gyda chymaint o arfau ar gael (byddai llawer o bobl dduon yn cario pistol, cyllell neu rasel fan leiaf) roedd trais yn gyffredin. Roedd y pianydd Lee Kizart o Fississippi mewn sgwrs â William Ferris ym 1968, yn cofio'r peryglon a wynebai'r *bluesman* yn y *juke joints* yn ystod y blynyddoedd rhwng y ddau ryfel byd:

> *You know along in them times this country was in her bloom – she tore up bad now, you know what I mean, but she was in her bloom then. And that's where I was. I seed a-many a fellow got killed at night and drug up under the skin table but now, it wasn't me. I've had this door here to get busted on the piano right here – woman singing had her hand on my shoulder, guy shot this door here, he hit her with the pistol and shot this door and busted it* [gan fwrw'i law ar y piano i efelychu ergyd pistol] . . .
>
> *I've seen a woman get – she shot one night. I was playing at a juke, way out in the country. Mmm, I don't know. She just come in from St Louis, her neck got broken and her head fell about that close to the end of the porch and my car sitting right there between the porches like this. Broke her neck. It was a .45 bullet shot alright enough. It broke her neck. She fell with her head just about that close to the end of the porch.*

Dengys cân Waymon Henry ba mor rhwydd y gallai rhywbeth fel hyn ddigwydd. Mae uchafbwynt 'Canned Heat Blues' yn disgrifio helbul o'r fath:

> *Walked in my room, the other night*
> *Man came in, he want to fight*
> *Took my gun, in my right hand –*
> *'H o l d me folks I don't want to kill no man.'*
> *When I said that, struck me 'cross my head*
> *First shot I fired and the man fell dead.*

Yn ôl Eugène Marais, i'r person sy'n gaeth i gyffur 'y mae popeth a ystyrir yn amhrisiadwy o dan amgylchiadau normal yn cael ei daflu'n ddiofal i'r

21
Lee Kizart, Tutwiler,
Mississippi.

chwalfa. Bydd y caethydd yn drifftio i gylch cyfyng gan droelli ar echel ei boen fel pryfyn sydd wedi'i ddeifio.'

Ffigwr eithaf anghyfarwydd yw Waymon 'Sloppy' Henry yn hanes y *blues*. Ymddengys ei fod wedi cadw cwmni â chriw o gerddorion o Atlanta gan gynnwys y cantorion stryd Peg Leg Howell ac Eddie Anthony. Does wybod a oedd 'Canned Heat Blues' wedi'i seilio ar brofiad personol ai peidio. Go brin bod yna ots, oherwydd bod gan y gân ei dilysrwydd mewnol ei hun fel adlewyrchiad o brofiad y duon yn ystod 'amseroedd caled' blynyddoedd y dirwasgiad. Ar ddiwedd y gân, meddai

I said canned heat whiskey drove me to the county gaol
Got me layin up on my bunk and I got nobody to go my bail.

Moela dy Glustia

Digwyddodd y sgwrs ganlynol mewn ystafell westy yn Atlanta, Georgia ar 5 Tachwedd 1940 rhwng y casglwr caneuon gwerin, John A. Lomax a'r canwr *blues* a gitarydd 12-tant, Blind Willie McTell.

Lomax: *I wonder if you know any songs about coloured people having hard times here in the South?*
McTell: *Well that, all songs that have a reference to our o l d people here, they haven't very much stuff on the people nowadays because*
Lomax: *But any complaining songs, complaining about hard times and sometimes mis-treatment of the whites? Have you got any songs that tell about that?*
McTell: *No sir, I haven't. Not at the present time, because the white people is mighty good to the Southern people as far as I know.*
Lomax: *You don't know any complaining songs at all?*
McTell: *Well.*
Lomax: *'Ain't it Hard to be a Nigger, Nigger'. Do you know that one?*
McTell: *No that's . . . not in our times. Um – Now I have – there's a spiritual down here, 'It's a Mean World to Live In', but that don't have – still don't have reference to the hard times!* [Dan chwerthin yn nerfus.]
Lomax: *It's just because the – why is it a mean world to live in?*
McTell: *Well, it's not altogether. It has reference to everybody.*
Lomax: *It's as mean for the whites as it is for the blacks, is that it?*
McTell: *That's about it.*
Lomax: *You keep moving around like you're uncomfortable. What's the matter, Willie?*
McTell: *Well I was in an automobile accident last night, and still shuck up. No one got*

22

Blind Willie McTell,
portread stiwdio tua 1926.

hurt, but it was all just – jostled up mighty bad. Shake up. Still sore from it – but no one got hurt.

*   *   *

Dywedir weithiau nad cerddoriaeth brotest mo'r *blues*, mewn ffordd sy'n awgrymu y dylai fod a bod peidio â bod yn feirniadaeth ac yn ddiffyg cyn-henid. Efallai fod y *blues* yn mynegi cyflwr y duon, ond nid oes iddynt ddi-mensiwn a fynnai newid y cyflwr hwnnw. Cyfrwng digon cymodlon ydyw.

Mae ystyr benodol i 'brotest' a 'cherddoriaeth brotest' yn y cyd-destun yma, ystyr sy'n deillio o amgylchiadau cymdeithasol a gwleidyddol y chwe-degau a'r saithdegau. Yn ystod y cyfnod hwn, bu cynnwrf torfol yn y mudiad hawliau sifil a phrotestiadau yn erbyn y rhyfel yn Fietnam, a'r rheiny'n cyd-ddigwydd â chwlt ieuenctid radical ac, i raddau, yn gyfystyr ag ef. Ystyr cerdd-oriaeth brotest yn y cyd-destun yma yw caneuon a chanddynt amcan gwleid-yddol sy'n ceisio hogi ymwybyddiaeth y bobl. Cynnyrch cymdeithas dorfol ydynt, rhywbeth na fu'r *blues* erioed.

Cynnyrch y cyfryngau torfol ar ffurf teledu, ffilmiau, a chyngherddau awyr-agored megis Woodstock oedd y fath gerddoriaeth i raddau helaeth. Yn sicr, dibynnai ar y cyfryngau hyn ac, uwchlaw pob dim arall, ar recordiau a farchnatwyd ar raddfa ryng-genedlaethol gan gwmnïau recordio a oedd yn enghreifftiau clasurol o'r system wleidyddol ac economaidd yr honnai Bob Dylan a Joan Baez eu bod yn gwrthdystio yn ei herbyn. Mae hyn yn arwain at baradocs, oherwydd bod y canwr mwyaf dylanwadol yn eu plith, Bob Dylan, yn ddyledus tu hwnt, fel y cydnebydd ef ei hun, i'r *blues*. Ac nid i'r *blues* yn unig chwaith, ond i'r cantorion *downhome* a recordiwyd cyn yr Ail Ryfel Byd megis Bukka White, Big Joe Williams a hyd yn oed Henry 'Ragtime Texas' Thomas, efallai'r *bluesman* hynaf i recordio. Enw un o recordiau mwyaf llwydd-iannus Dylan yr adeg yma oedd 'Highway 61', teitl na fyddai'n canu llawer o glychau ymhlith y gwrandawyr Americanaidd, ond un sydd â chryn arwydd-ocâd yn hanes y *blues*.

*   *   *

Yn sicr, nid cerddoriaeth wleidyddol mo'r *blues* – ac felly nid yw'n ganu protest yn nhermau gwleidyddiaeth y Chwith. Ond dylem ofalu rhag gosod diffiniad rhy gyfyng sy'n priodoli 'protest' i wleidyddiaeth neu weithredoedd penodol, oherwydd gall y fath safbwynt ein dallu i ffurfiau o brotest sydd yr un mor ddilys ac sydd, efallai, yn fwy addas o dan yr amgylchiadau.

Yn y Deheubarth cyn y Rhyfel Cartref, roedd gwrthryfel ymysg y caethweision yn fygythiad parhaus, weithiau'n agored, weithiau'n ofn cudd ym meddyliau'r perchenogion gwynion. Roedd gweithredoedd treisiol neu wrthryfelgar gan unigolion duon yn ddigon peryglus, ond gellid cadw'r caead arnynt yn ddigon rhwydd. Bygythiad mwy difrifol oedd y gwrthryfeloedd a drefnwyd i geisio uno caethweision dros ardal eang a'u hannog i godi yn erbyn eu meistri, fel y digwyddodd yng ngwrthryfel Nat Turner yn Swydd Southampton, Virginia ym 1831. Ar yr adegau hyn, byddai'r gwynion yn siwr o ofni Haiti arall, er nad oedd gwrthryfel llwyddiannus yn debygol dan amgylchiadau demograffig tir mawr America.

Ond os carchar, arteithio a marwolaeth oedd canlyniadau gwrthryfel agored, roedd yna ffordd arall i brotestio y gellid ei galw'n brotest anuniongyrchol neu gudd. Fel y dangosodd haneswyr megis Eugene Genovese, byddai caethweision yn aml yn torri neu'n pylu min eu hoffer yn fwriadol; byddent yn gwneud smonach o'u gwaith; yn camglywed neu'n troi clust fyddar i orchmynion – tra gallent weithio'n ddyfal ar eu lleiniau llysiau eu hunain ac, ar ddiwrnodau gwyliau, gallent fynd ati o ddifri i hela anifeiliaid i ychwanegu at eu hymborth.

O safbwynt ein hoes ni, efallai nad yw gweithredoedd o'r fath yn ymddangos o bwys mawr, a go brin y gellid eu hystyried yn brotest. Eto, o dan feistr creulon, gallent fod yn weithredoedd dewr ac yn ffordd i hawlio unigoliaeth, a does dim dwywaith iddynt gael effaith dros gyfnod o amser ar effeithlonrwydd economi caethwasiaeth y Deheubarth. Yn eironig ddigon, roedd y gwynion yn camddehongli'r fath yma o brotest yn nhermau eu myth hiliol mai diog, twp a lletchwith oedd y duon wrth reddf.

Ar ôl y Rhyfel Cartref, erydwyd hawliau sifil y duon yn fuan iawn gan ddeddfwriaeth Jim Crow a ailsefydlodd oruchafiaeth y gwynion. Hwyrach fod y duon yn ystod degawdau cyntaf yr ugeinfed ganrif yn 'fwy rhydd' mewn enw na'r caethweision a fu'n gyndeidiau iddynt, ond amharwyd ar y rhyddid hwnnw mewn cymdeithas a reolwyd gan fwystfileiddiwch ac ofn. Mae pawb wedi clywed am ladd-heb-brawf, ond roedd hefyd system gyfan o'r hyn a ddisgrifiwyd gan un person i William Ferris fel 'trais cudd'. Fe'i recordiwyd yn Clarksdale, Mississippi, ym 1968:

Now what I mean by hidden violence is this. If you on a farmer's working, the Man you

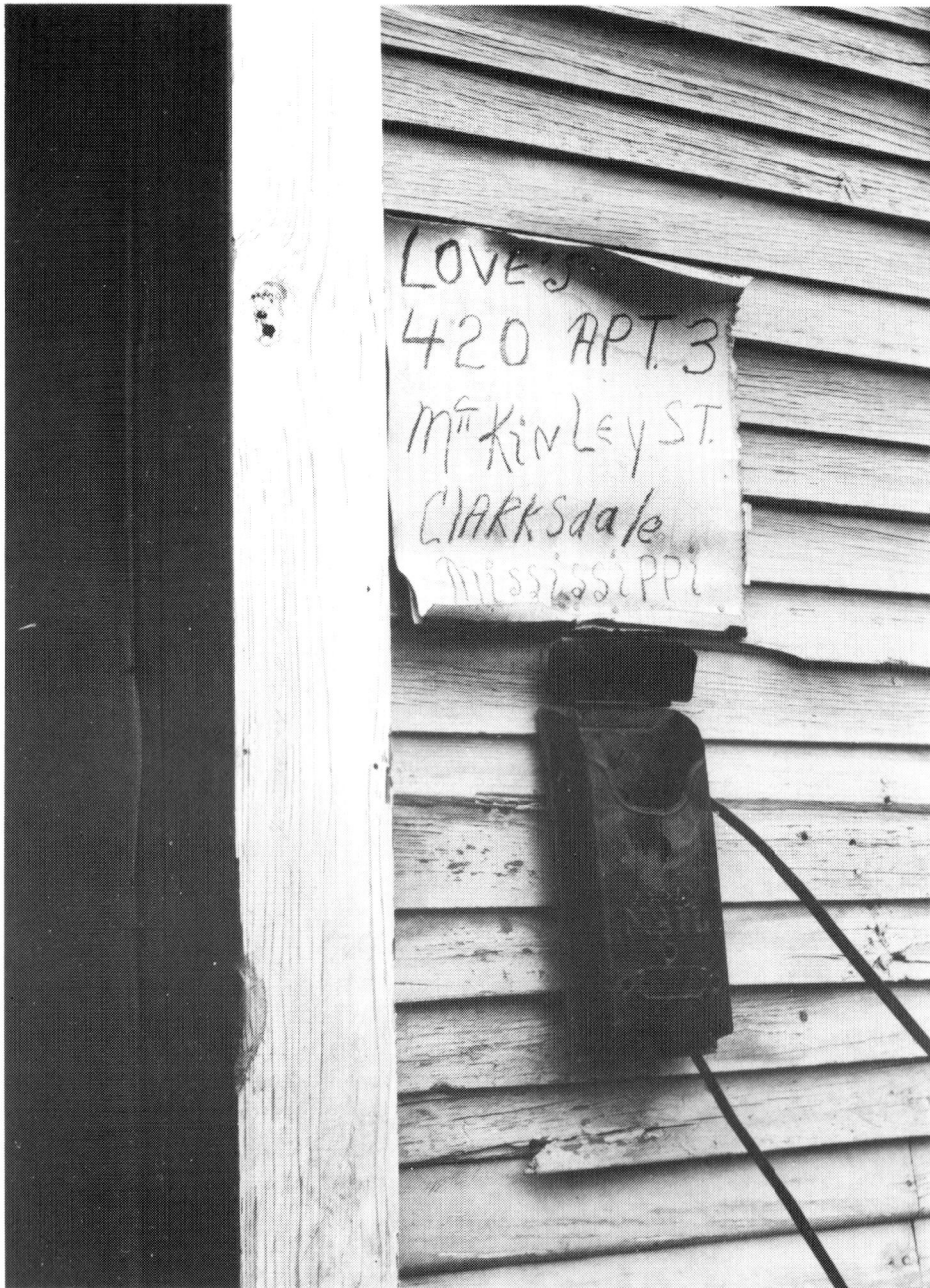

23

Cartref Jasper Love.

go to work, you work there a little while, he treat you fair. But the older you get on the job, he may cuss you out and dog you a little bit; you afraid to come out and tell your friends, or you afraid to speak about it or he take part of your earnment; you afraid to ask him about it 'cause perhaps you'll get killed. A l l of that is under cover. But I just think if you open your mouth something could be did about it. But we have so many is cowards, as is afraid. They got us that way! *On the pretense there's so many doesn't have education; they don't know who to go to; they afraid to open their mouths; they have never been no place but here; they don't think there's no place in the world, but here, in Mississippi.*

O dan amgylchiadau o'r fath – ac roeddent yn galetach ar y naw ar ddechrau'r ganrif hon – roedd llawer iawn o bobl dduon yn gyndyn o fynegi'u teimladau gerbron pobl wynion. Ond nid yw hynny'n golygu na fyddent yn hel meddyliau – meddyliau milain a dicllon. Dyna Gussie Tobe, a oedd yn mynd yn fwyfwy meddw yn ystod ei gyfweliad â William Ferris, yn bloeddio:

A shirt like you've got on now, I've seen the time when you come in this country with a shirt on like that and we'd eat your ass up, man. We'd strip you of them clothes and set you out there naked. That's if we had of had the guts. We had it in our minds, but we didn't have the guts to do that.

So, meddai'n eironig, gan setlo'n ôl, *all we ever done was drink us plenty of white whiskey.*

* * *

Ond roedd y bobl dduon yn giamsters ar rywfath o brotest geiriol anuniongyrchol, a hynny o dan drwynau'r bosys gwynion yn aml iawn. Disgrifiwyd yr hyn sydd dan sylw gan Big Bill Broonzy wrth Alan Lomax ar ddiwedd y pedwardegau. Byddai'r llafurwr du yn rhy ofnus i ddweud dim byd yn wyneb y dyn gwyn, ond wrth fachu tîm o fulod rhwng y llorpiau yn barod am ddiwrnod o waith byddai'n smalio bod un o'r anifeiliaid wedi sathru ar ei droed. Byddai'r dyn du'n rhegi'r mul – *Get off my foot, goddamn it!* – ond yn ei feddwl, byddai'n siarad â'r bos gwyn. *You son of a bitch, you, you got no business on my – stay off my foot!*

Wrth wrando ar y sgwrs, fe welodd y pianydd, Memphis Slim, ei berthynas â'r *blues* yn syth: *Yeah,* meddai, *the blues is a kind of revenge.*

* * *

Fodd bynnag, os math o ddial yn erbyn y gwynion yw'r *blues*, i ba raddau mae'r recordiau masnachol a wnaethpwyd cyn yr Ail Ryfel Byd yn adlewyrchu'u gwir amrediad? Roedd Broonzy a Memphis Slim wedi gadael dyfnderoedd y Deheubarth sawl blwyddyn cyn caniatáu i Lomax dapio'u sgwrs â John Lee 'Sonny Boy' Williamson yn Chicago ar ôl y rhyfel. Hyd yn oed wedyn, pan ryddhawyd fersiwn wedi'i golygu ar record hir o dan y teitl *Blues in the Mississippi Night* yn y pumdegau, credai Lomax mai peth doeth oedd peidio â datgelu pwy oedd yn siarad. Yn yr adysgrifiad sy'n dod ynghyd â'r record, 'Natchez' yw Broonzy, 'Leroy' yw Memphis Slim a 'Sib' yw Williamson.

Yn y sgwrs a ddyfynnwyd rhwng tad Lomax a Blind Willie McTell yn y gwesty yn Atlanta, mae'n amlwg bod McTell yn anesmwyth ac yn osgoi ateb y cwestiwn. Un o'r De oedd John A. Lomax ac yn ddyn aristocrataidd ei ffordd. Roedd yn ymchwilydd gwych ond, fel y dengys y sgwrs uchod, doedd e ddim yn sensitif iawn wrth geisio treiddio i fyd dirgel caneuon protest y duon. Gwyddai Lomax fod yna brotest i'w gael a does fawr o amheuaeth fod McTell yn gwybod caneuon o'r fath, ond go brin y byddai dyn du dall, wrth gael ei holi'n galed gan y dyn gwyn yma gyda'i lais llym, awdurdodol, yn datgelu dim. Hwyrach iddo fod mewn damwain car fel yr honnai, ond roedd gan McTell resymau eraill mwy penodol am symud o gwmpas yn ei sedd fel pe bai'n anghyfforddus. Rhaid ei fod yn falch pan sylwodd Lomax ar ei anesmwythdra gan roi cyfle iddo newid testun y sgwrs. Roedd Lomax yn mynd yn rhy agos at rywbeth nad oedd y duon yn fodlon ei drafod gydag unrhyw berson gwyn, yn enwedig deheuwr.

Fodd bynnag, ychydig flynyddoedd yn gynharach, yng nghanol y tridegau, roedd person gwyn arall wedi bod ar drywydd caneuon protest y duon yn yr un ardal. Cafodd Lawrence Gellert, yn enedigol o Hwngari, ei fagu yn Efrog Newydd, lle bu'n weithgar ym mudiadau'r Chwith nes i'r dirywiad yn ei iechyd beri i'w feddyg awgrymu y dylai symud i rywle lle'r oedd y tywydd yn gynhesach. Glaniodd mewn tref yng ngogledd Carolina o'r enw Tryon. Yn fuan iawn, dechreuodd gymryd diddordeb yng nghyflwr y bobl dduon a dechreuodd, ymhlith pethau eraill, ymddiddori yn eu caneuon, yn enwedig y caneuon protest. Er nad oedd yn ysgolhaig gwerin fel John A. Lomax a weithiai yn Llyfrgell y Gyngres, aeth Gellert ati ar ei liwt ei hun i recordio yn y maes. Addasodd ei gar yn arbennig, gan osod ail lefel i ddal ei offer recordio. Ymhlith y gwynion fe'i hadwaenid fel 'Larry's Nigger Hoo Doo Shack on Wheels'.

Roedd gan Gellert o leiaf un fantais dros Lomax wrth gychwyn ar ei waith: gogleddwr oedd e. Unwaith y gallai berswadio'r duon ei fod ar eu hochr nhw, byddent yn weddol barod i recordio iddo. Y gwynion oedd y broblem. Roedd eu gelyniaeth tuag at ei fenter yn hollol anghymodlon.

Bu Gellert yn recordio lawer tro mewn carchardai, lle y llwyddodd, ambell waith, i recordio heb fod pobl wynion eraill yn bresennol. Roedd ganddo gyfaill a oedd yn fancwr cyfoethog, William Wiegle, gogleddwr arall. Byddai Wiegle'n cadw'r ceidwad yn ddiddig yn sgwrsio a diota, tra byddai Gellert yn recordio yn y carchar. Ar adegau eraill, byddai'n parcio'i gar ar ochr y ffordd lle y byddai giang mewn cadwyni yn gweithio. Byddai'n hongian meicroffon yn slei bach dros ochr y car ac yn recordio pobl wrth iddynt fynd heibio; neu byddai'n perswadio aelodau o'r giang i recordio'n llechwraidd yn ystod saib neu wrth eu gwaith. Gan amlaf, ni fyddai'r 'cap'ns' yn cymryd fawr o sylw a chodent law arno'n ddigon clên. Unwaith neu ddwy, wrth gael ei ddal yn y rhan anghywir o'r dre, fe'i camgymerwyd gan wynion y De am berson du – fel *high yellow*. Cofiai un yn dweud wrtho: *I'll be goddamned if you ain't the whitest nigger I ever saw, but you can't fool me. I can always smell 'em.*

Mae recordiadau Lawrence Gellert, a gasglwyd gan beryglu ei fywyd ei hun a bywyd y cantorion, yn unigryw. Fe gychwynnwyd eu rhyddhau ar recordiau hir a hyd yn hyn, mae dwy wedi'u cyhoeddi, *Negro Songs of Protest* (o ble y daw'r manylion uchod) a *Cap'n You're So Mean*.

Mae rhai o'r caneuon a recordiwyd gan Gellert yn *blues* yng ngwir ystyr y gair, mae eraill yn ganeuon gwaith ynghyd â rhai eraill sy'n anodd iawn i'w categoreiddio, ond maent i gyd yn deillio o'r amgylchiadau a luniodd y *blues* ac maent yn adlewyrchu synhwyrusrwydd y *blues*. Ni chaiff yr un o'r cantorion mo'i enwi, oherwydd hyd at ddiwedd ei oes, parchodd Gellert yr angen iddynt aros yn anhysbys.

Mae 'Two Hoboes' yn nodweddiadol. Gwêl y canwr y ddau berson du ar y ffordd: *One looked like my brother/One my brother-in-law . . .* meddai'r gân. Ei frodyr ydynt oherwydd mai duon ydynt. Mewn llawer iawn o fannau yn y De, roedd crwydro a chardota yn erbyn y gyfraith, a byddai crwydriaid yn cael eu herlid yn ddiflino, yn enwedig os duon oeddent. Mae dyn gwyn yn dod i mewn i'r gân:

> *Where you goin old nigger*
> *Where you goin I say*
> *You done killed some old poor white man*
> *Tryin to make your getaway*
> *Oh babe.*

Yn y gân, mae casineb y gwynion tuag at y duon yn ddwys ac yn ddifaol:

24
Yng ngwersyll
carcharorion Greene
County, Georgia, Mai 1941.

> *Goin to buy me a 32-30*
> *And a box of balls*
> *Goin to kill that old nigger*
> *If I have to kill them all*
> *Oh babe.*

Yn y fan hon, mae'r canwr-sylwedydd yn ddi-rym, yn yr un modd ag y mae'r *hoboes* yn ddi-rym. Ond mewn caneuon eraill bydd y canwr yn actio dial dychmygol fel yn 'Cap'n Got a Pistol' sy'n cyfeirio at y giangiau o garcharor-ion sy'n dal i weithio ar y priffyrdd mewn taleithiau fel Mississippi. Golygfa sy'n aros yn y cof yw eu gweld yn eu dillad carchar, tra bo cawr o geidwad gwyn, y 'Cap'n', yn hofran uwch eu pennau ar gefn ceffyl, gyda phistol mewn holster a gwn ym mhlygiad ei fraich, yn eu gwylio wrth eu gwaith. Mae'r gwn yn sumbol grymus, amlwg yn y caneuon a recordiwyd gan Gellert. Dechreua 'Cap'n Got a Pistol':

> *Cap'n got a pistol*
> *Lord and he's tryin to play bad*
> *Cap'n got a pistol*
> *Lord he's tryin to play bad*
> *I'm goin to take it in the mornin*
> *Take that pistol Lord, if he make me mad.*

Mae'r ceidwad gwyn yn ei wylltio – mae'n curo cymar y canwr: *And he walked away, Lord, Lord, he walked away . . . Lord if I had my big gun loaded,* medd-yliai'r canwr,

> *If I had my, had my big gun loaded*
> *I'd shoot him down, Lord, Lord, bring him –*
> *I'd shoot him down, Lord, Lord, I'd shoot him down.*

Mae rhai o'r caneuon mwyaf di-flewyn-ar-dafod yn sôn am Atlanta, cynefin Blind Willie McTell ac, ar y pryd, lle treisgar, peryglus i bobl dduon. Dechreua un ohonynt:

> *Down in Georgia, the meanest place in the world*
> *White folks chase nigger like chasin the squirrel*

In Atlanta, Georgia
  In Atlanta, Georgia
If you don't get lynched you will sure get pinched
    In Atlanta, Georgia.

Niggers ain't got no justice in Atlanta, meddir ar ddechrau cân arall sy'n cynnwys y pennill:

Well it's Charlie bird [h.y. yr heddlu gwyn] *runnin from door to door*
    Down in Atlanta
Well it's Charlie bird runnin from door to door
    Down in Atlanta town
Well it's Charlie bird runnin from door to door
    Well he's lockin up the niggers, let the white folks go
Niggers ain't got no justice in Atlanta.

Roedd Blind Willie McTell yn gwybod caneuon fel y rhain yn iawn, ond doedd e ddim yn dwp. Fodd bynnag, y diwrnod hwnnw llwyddodd Lomax i recordio cân ganddo o'r enw 'Dying Crapshooter's Blues' ynglŷn â gamblwr du sydd, ar ei wely angau, yn sôn am drefniadau'i angladd. Darn o ffantasi ysbrydoledig yw hwn, gyda thinc o gomedi'n perthyn iddo. Mae hefyd yn gân brotest gudd – ond mor gudd fel fy mod yn amau y byddai deheuwr gwyn fel Lomax yn gweld drwyddi. Pam bod Jesse, y gamblwr, yn marw? Oherwydd ei fod wedi'i saethu'n hollol fympwyol gan yr heddlu: *The police walked up and shot my friend Jesse down*, meddai McTell tua'r dechrau:

Mae Jesse eisiau i chwaraewyr *poker* fynd o'i flaen i gloddio'i fedd gydag as y rhofiau; mae ef am gael *crapshooters* a gamblwyr eraill yn yr orymdaith angladdol. Ond mae hefyd eisiau deuddeg plismon, y barnwyr a'i gyrrodd i'r carchar bedair ar ddeg o weithiau, a'r *high sheriff playin blackjack leadin the parade*; pob un yn cynrychioli sector mewn cyfundrefn farnwrol lygredig. Ni ddylai neb alaru amdano, meddai Jesse mewn un man yn y gân, *My life been a doggone curse.*

* * *

Ond hyd yn oed mewn *blues* a recordiwyd yn fasnachol, fel y dangoswyd mwy nag unwaith yn y llyfr hwn, nid yw'r elfen brotest byth ymhell o'r wyneb.

They accused me of murder, meddai un pennill traddodiadol, *I haven't harmed a man/They accused me of forgery, I can't write my name.*

People all hollerin 'bout what in the world they will do, meddai Furry Lewis ar ddiwedd 'Judge Harsh Blues' (1928) am farnwr llygredig o Memphis. *Lots of people had justice, they'd be in the penitentiary too.* Yn 'I'm Woke Up Now' (1942) mae Broonzy yn canu: *My mother told me, I thought it was a fairy tale . . . She said, 'Son, they'll all throw dirt, boy, in your dinner pail'.* Y flwyddyn gynt, canodd Washboard Sam (Robert Brown) yn 'I've Been Treated Wrong':

> *I been treated like an orphan and I been worked like a slave*
> *I been treated just like an orphan and I been worked like a slave*
> *And if I never get my revenge, evilness will carry me to my grave.*

* * *

Ond mae gwir arwyddocâd y *blues* fel canu protest yn mynd â ni y tu hwnt i ddefnydd cyfredol y term – mae'r ffaith fod y *blues* ar gael o gwbl yn fath o brotest.

Yr unig reswm pam bod yna bobl dduon yn yr Unol Daleithiau yw oherwydd i'w cyndeidiau gael eu cymryd yno yn erbyn eu hewyllys i'w gwerthu fel caethweision. Dros y blynyddoedd aed ati'n ddidostur i ddifa'u diwylliant cynhenid. Collodd y duon eu hieithoedd brodorol a phob agwedd ar eu diwylliannau llwythol. Bu ymgais i atal hyd yn oed eu traddodiadau cerddorol megis drymio (gydag eithriadau nodedig megis New Orleans), oherwydd bod perchenogion caethweision yn ofni y câi ei ddefnyddio i gyfathrebu ymhlith caethweision ac i feithrin terfysg. Goroesodd gweddillion yr hen ddiwylliant, megis *hoodoo* (neu *voodoo*), olion hen grefydd a chredoau Affricanaidd, yn danddaearol, yn anweladwy i'r gwynion. Anogwyd caethweision i ddysgu Saesneg, ond dim ond digon i ddeall ac i ufuddhau i orchmynion. Roedd eu Saesneg, felly, yn glapiog ac yn gyff gwawd (fel y'i clywir yn y sioeau *minstrel*), yn brawf fod y duon yn israddol. Ystyrid ysgrifennu a darllen yn beryglus ac fe'u gwaharddwyd yn llym, er bod nifer anhysbys o gaethweision wedi dysgu'r ddwy grefft. Roeddent hyd yn oed yn gyndyn i gyflwyno Cristionogaeth i'r caethweision, yn rhannol oherwydd bod rhai deheuwyr yn dechrau poeni'n arw ynghylch y cwestiwn a oedd gan y duon eneidiau, ond yn rhannol hefyd oherwydd bod perchenogion rhai planigfeydd wedi'u darbwyllo fod Cristionogaeth yn hyrwyddo diogi.

Er bod patrwm bywyd caethwasiaeth yn gymhleth ac yn amrywiol, gan wahaniaethu'n sylweddol weithiau o'r naill ardal i'r llall ac mewn gwahanol gyfnodau, mae'n deg dweud o'r ail ganrif ar bymtheg hyd at y bedwaredd ganrif ar bymtheg, bod y rhan fwyaf o bobl dduon wedi eu trin fel llai na dynion. Ond, er gwaethaf hyn i gyd, er gwaetha'r trasiedïau personol di-ri, llwyddodd cymuned y caethweision i gynnal a chyfleu'u dynoliaeth – drwy wrthryfel, fel Nat Turner, drwy afael ar Gristionogaeth a'i hawlio iddynt eu hunain, a thrwy greu barddoniaeth a chân ar ffurf cerddoriaeth efengylaidd, gysegredig, caneuon gwaith a'r *arhoolies*; ac o hyn deilliodd un o orchestion celfyddydol mwya'r ugeinfed ganrif – y *blues*.

Testun llosg yw i ba raddau y ceir gwaddod Affricanaidd yng ngherddoriaeth y duon, ac fe ddichon na chaiff y ddadl byth mo'i setlo'n derfynol. Yr hyn nad oes unrhyw ddadl yn ei gylch yw amlochredd a chreadigrwydd y bobl dduon wrth gyfuno olion o ffurfiau cerddorol Affrica (megis patrymau galw-ac-ateb y caneuon gwaith a rhythmau trawsacennog) â thameidiau o draddodiad y gwynion i greu rhywbeth nad yw nac yn Affricanaidd nac yn Ewropeaidd ond rhywbeth o'u heiddo nhw eu hunain.

Gwelir y dyfeisgarwch hwn yn agwedd y duon tuag at offerynnau cerddorol. Mae gan offeryn a adwaenir fel y *quills* (rhyw fath o bibau pan) ei wreiddiau yn Affrica, yn yr un modd â'r banjo. Ond er bod y banjo wedi goroesi hyd at gyfnod y *blues* a'i ganu, er enghraifft, gan y *bluesman* o Memphis, Gus Cannon, ac er bod Henry 'Ragtime Texas' Thomas wedi'i recordio gyda'r *quills*, ni ddaeth yr offerynnau hyn o dras Affricanaidd erioed yn offerynnau *blues* o bwys. Daeth y banjo, offeryn poblogaidd ymhlith y duon yn y bedwaredd ganrif ar bymtheg, yn ddigon eironig, yn offeryn o bwys yng ngherddoriaeth *downhome* y gwynion.

O'u tlodi a'u hangen i greu cerddoriaeth, bu'r duon yn dyfeisio offerynnau'n gynnar yn y ganrif yma. Mae llawer iawn o ddynion y *blues* wedi disgrifio sut y bu iddynt ddysgu canu'r gitâr, am y tro cyntaf drwy wneud *diddleybo*, sef darn o weiren wedi'i thaenu rhwng dwy hoelen wedi'u morthwylio i wal caban pren. Gosodir cerrig yn agos at yr hoelion o dan y weiren i'w thynhau. Yna, fe'i cenir drwy blicio gyda bysedd y naill law tra bod y llaw arall yn llithro gwddf potel neu gyllell ar hyd y tant er mwyn creu nodau gwahanol. Heb os, dyma fan cychwyn y dechneg lithr neu 'wddf botel'. A chyda llaw, drwy droi'r geiriau am yn ôl llwyddodd Ellas McDaniel i greu enw iddo'i hun fel cerddor roc a rôl, sef Bo Diddley.

Bu cantorion eraill yn gwneud 'gitarau' o focsys sigar a byddent yn dysgu

Louis Dotson yn arddangos *diddley-bo* neu *one-strand*.

ar y rhain ymhell cyn iddynt gael gafael ar offeryn go-iawn. Ond bron nad oedd rhywbeth yn gwneud y tro. Yn lle bas dwbl drudfawr, byddai bandiau llinynnol yn ystod degawdau cynnar y ganrif yn defnyddio jwg wisgi galwyn wag. Drwy chwythu dros wddf y jwg, gellir cynhyrchu nodau dwfn, cyseiniol. Adwaenid bandiau o'r fath fel bandiau jwg. Ambell waith, mewn grŵp o'r fath, defnyddid bwrdd golchi a gwniadur yn lle drymiau. Offeryn poblogaidd arall oedd y *kazoo*, neu hyd yn oed crib a phapur; daeth yr organ geg, a ddyfeisiwyd yn yr Almaen yn y bedwaredd ganrif ar bymtheg, yn nwylo cerddorion megis Jaybird Coleman ac, yn ddiweddarach, Little Walter, yn offeryn o bwys gyda nodweddion a chyraeddiadau ymhell y tu i hwnt i freuddwydion ei ddyfeisiwr.

Byddai cerddorion duon yn gafael ar unrhyw offerynnau yn y traddodiad Ewropeaidd ac yn eu defnyddio i'w dibenion eu hunain. Llwyddodd 'Need-More Band' Bobby Leecan yn y 1920au cynnar i lunio bas allan o soddgrwth. Yn aml, defnyddiai gitaryddion diwnio clasurol safonol, ond hefyd dyfeisient fathau o diwnio o'u heiddo eu hunain. Anwybyddid traw cyngerdd yn aml, oni bai eu bod yn cyfeilio i offerynnau a oedd eisoes wedi'u tiwnio i draw cyngerdd, megis yr organ geg. Ychwanegodd Big Joe Williams dri thant i'w gitâr. Weithiau, byddai organyddion ceg yn mwydo'u hofferynnau dros nos mewn dŵr er mwyn cael y dôn briodol. Byddai pianyddion yn tynnu'r top a'r pen blaen oddi ar eu hofferynnau i gynyddu'r sain. Roedd yn well gan rai ohonynt dynnu'r ffelt oddi ar y morthwylion a rhoi pinnau bawd yn ei le, er mwyn creu rhyw grasder yn y nodau. Y geiriau allweddol wrth drafod yr offerynnau cerddorol cysylltiedig â'r *blues* yw dyfeisgarwch, addasu ar y pryd ac, yn anad dim, defnyddio offerynnau a ddatblygwyd gan ddiwylliant arall i'w pwrpas eu hunain.

Dylid ystyried geiriau'r *blues* yn yr un modd. Wedi'u halltudio o draddodiadau barddonol Affrica, a'u hamddifadu o lenyddiaeth y gwynion oherwydd diffyg addysg, a chyda dim ond dyled ymylol i ganeuon gwynion troad y ganrif, llwyddodd y duon i lunio penillion o'r newydd – yn fwyaf nodedig y pennill tair llinell AAB sy'n gysylltiedig â'r *blues* 12-bar, gan ddatblygu traddodiad o ddelweddau a themâu a oedd yn hollol unigryw iddynt.

Yn ystod y tair canrif a hanner diwethaf gwnaethpwyd popeth i amddifadu'r duon yn America, nid yn unig o'u hurddas ond hefyd o'u gallu i'w mynegi'u hunain neu feddwl amdanyn nhw eu hunain fel unigolion. Mae'r 'fi' telynegol ym mhenillion y *blues* yn herio'r ymdrech i ddiraddio'r duon. Nid yw'r *bluesman* bob amser yn canu o'i brofiad personol, yn fwy nag y gwna un-

Tawlbwrdd-topiau-poteli.

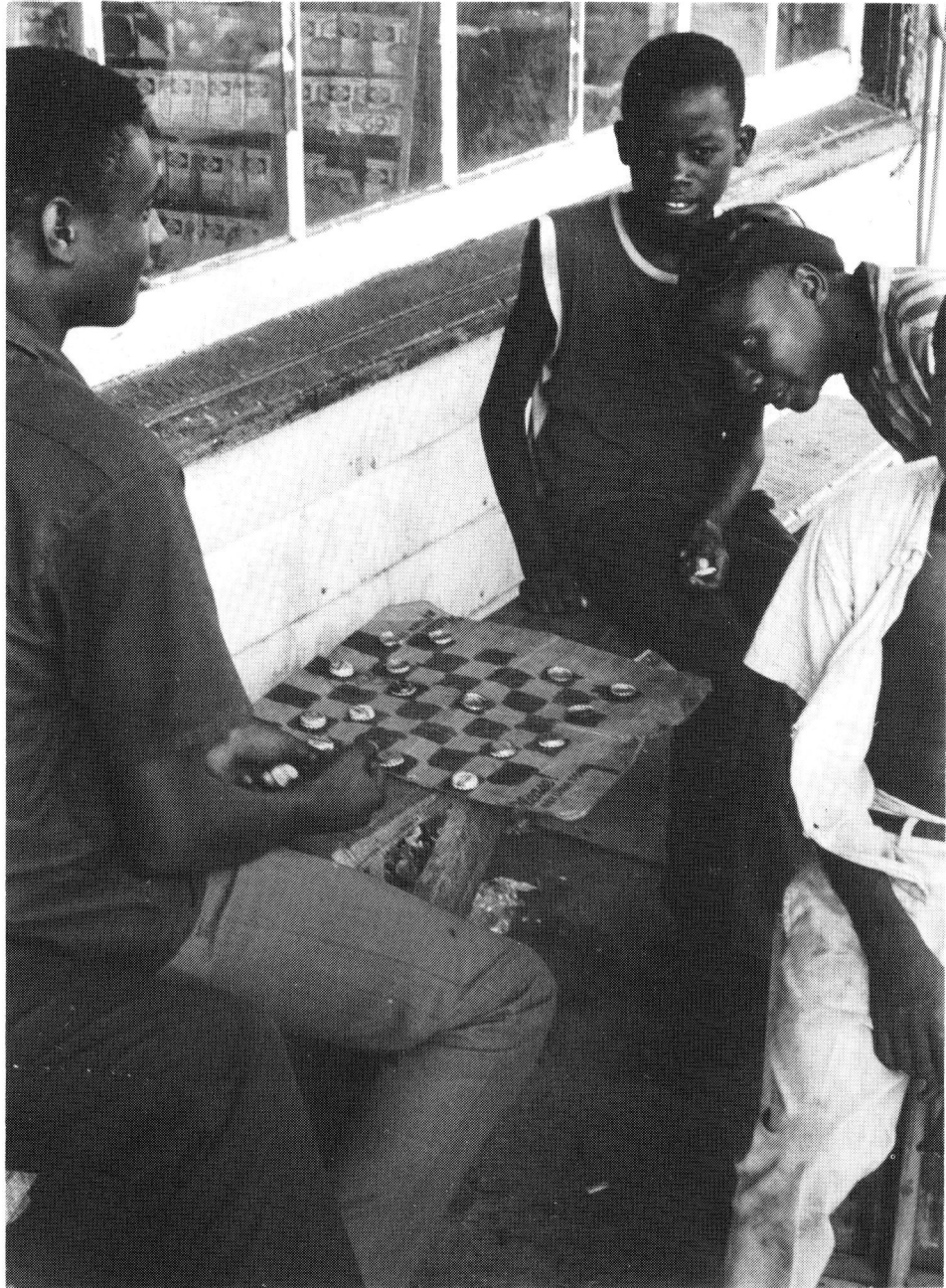

rhyw fardd arall, ond bydd yn canu oherwydd yr angen parhaus i ddathlu –
ac i alaru am – yr amodau a'r profiadau sy'n ein gwneud yn ddynol. Gall y
blues fod yn fiwsig a barddoniaeth unigolyn sy'n canu am ei brofiad ei hun,
neu fe all fod yn fiwsig i gymuned gyfan ar nos Sadwrn mewn jiwc yn y wlad
neu glwb yn y ddinas. Mae pob *blues* yn bersonol. Mae hefyd yn eiddo i bawb.

Mae hunaniaeth ddeuol, fytholegol bron i'r bluesman – fel dathlwr ein
gallu i ddweud 'Yr wyf i'; a chofiadur ein harhosiad dros dro yn y byd yma.
Mae'n ei throi hi i lawr y lôn, gan adael ei ganeuon yn atsain o rywbeth sy'n
bodoli ym meddyliau pawb:

> *Anybody ask you, who composed this song*
> *Anybody ask you, who composed this song*
> *Say you don't know the singer, he been here and gone.*

Stomp 'em Down to the Bricks

Roedd Coleridge a Wordsworth o'r farn, o'u profiad personol, fod barddoniaeth yn tarddu o ryw orfoledd dwfn. Roeddent yn llygad eu lle, ond os dywedaf fod y *blues* hwythau'n deillio o orfoledd, gallai'r gosodiad ymddangos fel pe bai'n gwrthddweud y cwbl a ddywedais hyd yn hyn.

Nid yw gorfoledd yn air ffasiynol. Ni ddylid ei gymysgu â hapusrwydd. Mae hapusrwydd yn beth digon arwynebol; rhyw lawenydd dwfn yw gorfoledd. Os ydych yn fardd, hwyrach y daw amser pan fyddwch yn ei golli am byth, fel y gwnaeth Coleridge. Ond os byddwch yn lwcus, ar ôl cyfnodau digon tawel, fe ddaw yn ei ôl gan godi fel ffynnon o fagma o losgfynydd. Eiliadau o'r fath, nad oes modd gofyn amdanynt na'u rhagweld, yw eiliadau'r creu i'r bardd. Gwna'r bardd beth o'i waith yn y dirgel, yn anweladwy i'w ddarllenwyr – dyddiau hir heb wneud dim, neu ddim ond rhyw ymarferiadau digon di-ffrwt – y naill ynddynt eu hunain yn ddi-werth ac yn creu rhwystredigaeth; y naill a'r llall yn anhepgor ar ddiwedd y dydd.

Yn ystod y ganrif hon, cantorion *blues* fu prif gynheiliaid barddoniaeth eu pobl – barddoniaeth delynegol, lafar. Mae'r gwahaniaethau rhwng bardd mewn traddodiad llafar a thraddodiad llenyddol yn sylweddol iawn. Cerddor yw *bluesman*, ac os bydd yn canu'n broffesiynol neu'n lled broffesiynol, rhaid iddo ganu o flaen cynulleidfa ar adeg ac mewn lle penodedig, p'un ai a gafodd ysbrydoliaeth i'w wneud ai peidio. Gwahaniaeth arall yw nad yw cerddi'r *bluesman* yn bodoli ond ar adeg eu canu, ac felly fe geir ymhob perfformiad elfen o greadigrwydd, sy'n hollol wahanol i fardd llenyddol yn darllen neu'n adrodd cerdd. Hefyd, rhaid i'r *bluesman* berfformio'n dda, oherwydd nad oes yr un gynulleidfa mor werthfawrogol, wybodus a beirniadol â thorf nos Sadwrn mewn *juke joint*.

Mae'n bosibl, wrth gwrs, orliwio'r elfen fyrfyfyr yn y *blues*. Bydd *bluesmen* yn ymarfer eu techneg offerynnol yn galed. Byddant yn gwybod yr alaw, y rhythm, y riffiau a'r *licks* i'w defnyddio ym mhob cân, a'r cyfan wedi'i ddyfeisio a'i baratoi ymlaen llaw a'i ymarfer drosodd a thro.

Yn achos y geiriau mae yna wahaniaeth pwysig. Does yna fawr o amheuaeth bod llawer iawn o gantorion, erbyn y 1930au, naill ai'n ysgrifennu'r geiriau wrth eu cyfansoddi neu'n eu llunio'n fanwl yn eu pennau gan lynu'n weddol agos at y fersiwn oedd ganddynt ar gof a chadw. Gellir priodoli hyn yn rhannol i lythrennedd cynyddol, ond hefyd mae'n adlewyrchu'r dylanwad mawr a gafodd recordio ar draddodiad y *blues*. Byddai statws arbennig gan y *blues* poblogaidd hynny a recordiwyd – fe'u hystyrid yn fersiwn derfynol i bob perwyl. (Bydd rhai cantorion yn cyfeirio at eu caneuon fel 'recordiau'.) Ond, nid oedd hyn yn wir am y genhedlaeth gyntaf o recordiau. Defnyddiai llawer iawn o'r rhain benillion traddodiadol na ellir mo'u priodoli erbyn hyn i unigolion penodol. Nodweddion fformiwlaig oedd gan y rhain, ac roeddent yn gronfa werthfawr o farddoniaeth, yn gynhysgaeth gyffredin, a ddefnyddid gan bob canwr, hyd yn oed y rhai mwyaf dyfeisgar fel Blind Lemon Jefferson.

Hyd yn oed yn nyddiau'r traddodiad cynnar, byddai'r canwr yn paratoi'n ofalus y gynsail gerddorol i'r gân drwy oriau maith o ymarfer, ond pryd hynny roedd y penillion eu hunain yn gyfnewidiol. Gan amlaf, byddai'r *blues* yn cynnwys craidd o benillion a'i diffiniai ym meddwl y canwr fel 'Lonesome Home Blues' neu 'Trouble-Hearted Blues'. Wrth berfformio, hwyrach y byddai'r gân yn wahanol bob tro, gan fod penillion eraill yn cael eu hychwanegu neu'u dileu, ac ni châi'r penillion craidd eu canu yn yr un drefn hyd yn oed. Gellir clywed hyn yn y gwahaniaethau rhwng y gwahanol recordiadau (*takes*) sydd ar gael o ganeuon Tommy Johnson a Ishman Bracey y soniwyd amdanynt yn gynharach. Mae'r gwahaniaethau'n nodedig, er bod y ddau recordiad yn amlwg wedi digwydd y naill ar ôl y llall.

Ymhob perfformiad, felly, byddai elfen bwysig ond cyfnewidiol o greadigrwydd. Er y gwyddai'r canwr yn fras beth oedd e'n mynd i'w ganu, byddai yna bob amser elfen o ansicrwydd. Gellid ymestyn neu dorri cân yn fyr yn ôl awydd y canwr neu ymateb y gynulleidfa. Gallai'r perfformiad fod yn hollol fecanyddol un noson; gallai'r noson ganlynol fod yn un o'r profiadau creadigol mwyaf.

Hyd yn oed ar ôl i gynnydd yn nifer y recordiau oedd ar gael ddechrau dylanwadu ar y traddodiad, yn anaml y byddai fersiynau o ganeuon uchel eu parch yn cael eu copïo'n slafaidd. Flynyddoedd yn ddiweddarach byddai'r canwr a recordiodd y fersiwn wreiddiol yn aml yn ei haddasu ei hun, tra byddai cantorion eraill, er yn seilio eu fersiynau ar y record, eto'n ymgorffori'u harddull eu hunain, gan deimlo'n rhydd i ychwanegu eu penillion eu hunain ac i ddatblygu liciau a riffiau newydd yn y cyfeiliant. Dyma rywbeth mae pobl wynion, wedi'u magu yn nhraddodiad cerddoriaeth glasurol Ewrop, yn ei chael hi'n anodd ei ddeall. Gwelais enghraifft o hyn ym Memphis ym 1979 pan aeth y pianydd Booker T. Laury â fi i ymweld â deintydd gwyn yr oedd Booker yn rhoi gwersi piano iddo. Roedd Booker wedi taro bargen dda. Roedd y deintydd i goroni'i ddannedd i gyd ag aur, ac yn dâl am y gymwynas byddai Booker yn ei ddysgu sut i ganu'r piano *blues*.

Y diwrnod hwnnw, roeddent yn gweithio ar 'Pine Top's Boogie Woogie', arwyddgan Pine Top Smith oedd yn bianydd *barrel house* yn y 1920au. Ers pan recordiwyd y gân gan Smith ym 1928, fe ddaeth yn ddarn safonol i lawer iawn o bianyddion *blues*. Byddai Booker yn ei ganu'n rheolaidd. Gwnaeth y deintydd ei orau glas. Eisteddodd wrth y piano a chanu fersiwn lân, os prennaidd braidd. Ond doedd Booker ddim yn fodlon. *No, man.* Symudodd y deintydd o'r neilltu i adael i Booker ei ganu iddo eilwaith. Er bod pob fersiwn o 'Pine Top's Boogie' yn amlwg yn deillio o'r recordiad gwreiddiol, bydd unrhyw bianydd gwerth ei halen yn mynd ati i ychwanegu triliau a riffiau o'i eiddo'i hun. Roedd Booker wedi dangos i'r dyn gwyn ei fersiwn yntau gan adael i'r deintydd ymarfer am wythnos. Nid yr oedi o bryd i'w gilydd na'r dull prennaidd oedd yn poeni Booker, ond y ffaith ei fod wedi ceisio'i ganu'n union fel yr oedd Booker wedi'i ddangos iddo. *You got to put your own stuff into it,* ceisiodd esbonio.

Dwi ddim yn credu bod y deintydd wedi deall. Gallai ganu'r piano'n iawn wrth atgynhyrchu nodau ysgrifenedig, ond roedd Booker yn gofyn iddo wneud rhywbeth arall, roedd yn gofyn iddo greu. Dangosodd i'r deintydd y math o bethau y gellid eu gwneud â phatrwm sylfaenol, sut y gellid amrywio elfennau yn y llinell drebl yn ôl y galw. Rhoddodd y deintydd gynnig arall arni, ond roedd ei addysg gerddorol orllewinol wedi creu bloc rhyngddo a'r math yma o gerddoriaeth. Y cwbl fedrai ei wneud oedd ailadrodd yr hyn a roddwyd o'i flaen neu'r hyn a ddysgwyd iddo.

Ar ôl i'r 'wers' orffen, cerddodd y ddau ohonom at gar Booker. Cymerodd botel wisgi a lechai o dan sedd y gyrrwr ac ymestynnodd i'r cefn am ddwy gwpan blastig a'r botel fawr o ddŵr a gadwai yno i'r diben hwn. Cymysgodd ddiod yr un inni ac eisteddodd yno i gnoi cil ar bethau.

Ceir enghraifft arall, fwy difrifol, yn y gyfrol *Searching for Robert Johnson*. Yn y llyfr hwn mae'r awdur, Peter Guralnick, yn sôn sut y bu i sawl menyw a oedd yn gyfeillgar â'r *bluesman* mawr yma o'r Delta, gofio deffro yng nghanol y nos i'w weld wrthi'n byseddu tannau'r gitâr bron yn ddi-sŵn wrth y ffenest dan olau'r lleuad. Pe bai'n sylweddoli eu bod yn ei wylio, stopiai ar unwaith.

Beth oedd yn ei wneud? Dwi ddim yn credu mai 'ymarfer' oedd e, ond cyfansoddi. Gweithred unig a phreifat yw cyfansoddi barddoniaeth. Ond os ydych yn dlawd ac yn byw mewn caban neu fflat sydd dan ei sang, neu os crwydryn ydych fel Robert Johnson, yn cysgu yng nghartrefi pobl eraill, does dim preifatrwydd i'w gael. Yn ystod yr adegau hynny, ym mherfeddion y nos, pan gredai fod pawb yn cysgu, rwy'n tybio mai pryd hynny y deuai'r gwir Robert Johnson i'r amlwg, yn chwilio yn nyfnder yr hunan am y gorfoledd y bydd barddoniaeth yn deillio ohono, yn byseddu'r tannau'n ddi-sŵn oherwydd mai y tu mewn iddo yr oedd y gerddoriaeth.

*   *   *

Fodd bynnag, pan fydd *bluesman* yn perfformio o flaen cynulleidfa, efallai mewn *juke joint* ar nos Sadwrn, bydd yn gorfod wynebu pobl sydd wedi bod yn gweithio'n galed drwy'r wythnos, ac sydd eisiau mwynhau. Fel cerddor, mae'n rhan o'r hwyl, ond dim ond un rhan. Bydd y caban neu'r clwb bach cyfyng dan ei sang gan bobl yn yfed wisgi neu gwrw o botel. Bydd yna chwerthin a sgwrs fywiog, a bydd y sŵn yn cynyddu wrth i'r noswaith fynd yn ei blaen. Bydd pobl yn dawnsio. Hwyrach y bydd y dyrfa'n tynnu'n ôl i edmygu pâr o ddawnswyr yn mynd trwy'u pethau – fel y gwelir yn y ffoto-graff a dynnwyd yn y jiwc yn Clarksdale (t. 41). Bydd tipyn o barch at gerddor *blues* o safon – ond dim parchedig ofn. Hwyrach y bydd rhywun yn y dorf yn ei 'jeifio' – hynny yw ei heclo a'i brofocio rhwng llinellau a phenillion y gân, er mawr ddifyrrwch i'r lleill. Ond pan fydd y gwrandawyr wedi eu cynhyrfu gan y gerddoriaeth, hwyrach y byddant yn ei annog yn ei flaen – *Aw boot that thing, boy!* gwaedda Ivy Smith wrth y pianydd Cow Cow Davenport ar y record a wnaethpwyd ym 1928 o'i orchestwaith 'State Street Jive', *You hear me talkin to you! . . . Play it a l o n g time, Mister Strange Man!* Yna, mewn edmygedd, *What kind of a piano player is this!*

Mae ymateb y dorf i'r cerddor yn hanfodol. Mae'r gweiddi, y chwerthin, y dawnsio a'r yfed i gyd yn gweithredu fel catalydd sy'n peri i'r *bluesman* berfformio ambell waith y tu hwnt i'w holl brofiad a disgwyliadau blaenorol. Gall canwr *blues* fod yn anghyfforddus heb fod y math yma o berthynas â'r gynulleidfa ar gael.

Ym 1991, perfformiodd David 'Honeyboy' Edwards yng Nghanolfan y Celfyddydau yn Aberystwyth. Roedd pobl yn cael eistedd wrth fyrddau, roedd yna le i ddawnsio, ac roedd yr elfen bwysicaf ar gyfer noson *blues* lwyddiannus ar gael – roedd yna far.

Canwr *blues* o Mississippi yw Edwards, a chanddo brofiad helaeth o ganu dros amser maith – fe'i ganed ym 1915 a bu'n canu gyda llawer iawn o *bluesmen* y Delta, gan gynnwys Charley Patton, Big Joe Williams a Tommy McClennan. Buasai'n canu gyda Robert Johnson mewn *juke joint*, y noson y cafodd Johnson ei wenwyno ym 1938.

Y noson honno yn Aberystwyth, perfformiodd y set cyntaf gan gyfeilio iddo'i hun ar y gitâr drydan, gyda dyn gwyn ifanc o Chicago ar yr organ geg. Roedd y lle dan ei sang, gyda rhyw 350 o bobl yn bresennol, llawer iawn ohonynt yn fyfyrwyr. Canodd Edwards *downhome blues* a phe bai Aberystwyth yn Clarksdale, buasai'r dorf ar ei thraed ac yn dawnsio ar ôl rhyw gân neu ddwy'n unig. Ond er bod y gerddoriaeth yn rhythmig iawn, nid rhythm roc y gwynion mohono. Doedd neb yn dawnsio, ac o gefn y neuadd roedd yna lawer iawn o chwerthin a sgwrsio ymysg pobl a oedd, am wn i, wedi'u diflasu neu wedi'u siomi gan y perfformiad. Roedd hyn yn digio rhai eraill a oedd wedi dod i wrando ond, fel mae'n digwydd, roedd yr holl sŵn yn cyfrannu at greu naws sesiwn *blues* go-iawn. Go brin y buasai'r chwerthin, siarad ac yfed wedi mennu dim ar Honeyboy Edwards.

Ar ben hynny, doedd e ddim eisiau dod â'r set cyntaf i ben. Canodd am ryw hanner can munud yn ddi-dor, ac ni stopiodd nes i'r organydd ceg gwyn (a oedd hefyd yn rheolwr iddo) sibrwd yn ei glust, yn amlwg yn dweud wrtho ei bod yn amser cymryd hoe. Byddai Honeyboy yn amneidio, ond pan ddeuai'r gân i ben, byddai'n lansio'n syth i mewn i gân arall. Er ei fod wedi perfformio'n eithaf rheolaidd mewn cyngherddau i wynion dros y blynyddoedd diweddar, *bluesman* oedd na fedrai, i'm tyb i, ddeall rhaglen Canolfan y Celfyddydau, sy'n pecynnu perfformiadau i ddau set taclus o 45 munud yr un.

Yn yr ail set, ymunodd grŵp *blues* Prydeinig, The Jukes, ag Edwards. Roedd y grŵp yn cynnwys gitarau blaen a bâs a drymiau, ac roeddent wedi dysgu'u harddull o fandiau Chicago'r pumdegau a'r chwedegau, bandiau roedd Honeyboy hefyd wedi chwarae â nhw. Nid oedd gan The Jukes sŵn arbennig o unigryw, ond roeddent yn ddigon diymhongar, ac roedd yr ail set, fel y cyntaf, dan gysgod Honeyboy Edwards.

Mae gwreiddiau roc yn gorwedd gyda'r bandiau *blues* trydanol mewn dinasoedd fel Chicago a Detroit, ac roedd yn amlwg bod cynulleidfa Canolfan y Celfyddydau'n gallu uniaethu'n well â cherddoriaeth yr ail set oherwydd ei bod yn agosach at gerddoriaeth roc. Ar ôl cân neu ddwy, roedd y llawr dan ei sang. A finnau'n eistedd wrth un o'r byrddau, fedrwn i ddim gweld y band bellach, ond gallwn glywed y rhyddhad a'r balchder yn llais Edwards, *We got 'em up now!*

Yr hyn a'm trawodd, fodd bynnag, oedd y math o ddawnsio oedd bellach ar fynd. Er mai deillio o ddawns y duon yw'r ffordd y mae gwynion yn dawnsio i gerddoriaeth roc, mae yna wahaniaeth sylweddol. Roedd y dawnswyr yn joio, dyna, wrth gwrs, oedd y peth pwysicaf. Ond roedd eu symudiadau'n herciog ac yn methu â chyd-fynd yn dda iawn â'r gerddoriaeth. Roedd eu hymdrechion i greu rhywbeth a oedd i fod i lifo'n ddigymell, yn rhy amlwg ac yn rhy ymwybodol.

Mae pobl dduon yn dawnsio i'r *blues* mewn ffordd hollol wahanol. Mae'r symudiadau'n amrywio ond, fel y gerddoriaeth ei hun, fe'u seilir yn fyrfyfyr ar batrymau sylfaenol o ystumiau a chamau. Gall y dawnsio fod yn fywiog ond, yn aml, fe'i cyfyngir i symudiadau syml iawn – breichiau wedi'u dal wysg yr ochr, bysedd yn clecian i'r drawsacen wrth i'r dawnsiwr gymryd camau byr i'r rhythm, gan ysgwyd yr ysgwyddau neu, yn achos menyw, y bronnau. Er mai lluniau llonydd yw'r ffotograff o'r carcharor yn dawnsio ym marics y fferm garchar a'r ffotograff arall o'r *juke joint* yn Clarksdale, rhoddant ryw syniad inni o'r hyn sydd dan sylw (tt. 41 a 99).

Un o'r dawnswyr harddaf a welais erioed oedd dynes dew yn ei phum-degau mewn gŵyl *blues* yn y Delta. Roedd yr amgylchiadau'n ofnadwy, cof-iwch – roedd y cantorion ar lwyfan awyr agored, a'r dorf wedi'i dal yn ôl gan raff rhyw ddeg troedfedd o'r llwyfan. Roedd ambell heddwas yn crwydro rhwng y dorf a'r band. Rywsut, llwyddodd hen ŵr, dyn yn ei chwedegau, hwyrach, i sleifio drwodd i'r gorlan rhwng y llwyfan a'r dorf. Dyn main fel llysywen oedd e. Roedd e fymryn bach yn feddw ac roedd arno eisiau dawnsio. Llusgodd a siglodd i'r gerddoriaeth, gan ennyn cymeradwyaeth ambell un yn y dorf. Gwnaeth yr heddlu ymdrech i'w symud yn ôl yr ochr draw i'r rhaff. Yna, ymddangosodd y ddynes a dechrau dawnsio gydag ef, gan anwybyddu'r heddlu a benderfynodd adael llonydd iddynt.

27

Floyd Thomas yn dawnsio.

Siglo'i chorff ychydig ond symud ei dwylo a'i thraed yn bennaf oedd hi, ond roedd y symudiadau hyn yn hollol reddfol ac yn un â churiad y band yn y cefndir. Weithiau, byddai'n dal dwylo'r dyn a dawnsient ychydig gamau gyda'i gilydd, cyn gwthio'i gilydd ar wahân. Roeddem ni'r gwylwyr yn methu ymatal rhag teimlo'n braf a dechrau gwenu – yn union fel y dyrfa yn y ffotograff o'r *juke joint* yn Clarksdale. Ar yr un pryd, rwy'n cofio imi deimlo'n drist. Oherwydd fy nghefndir diwylliannol, ni fedrwn ddawnsio fel 'na; ni

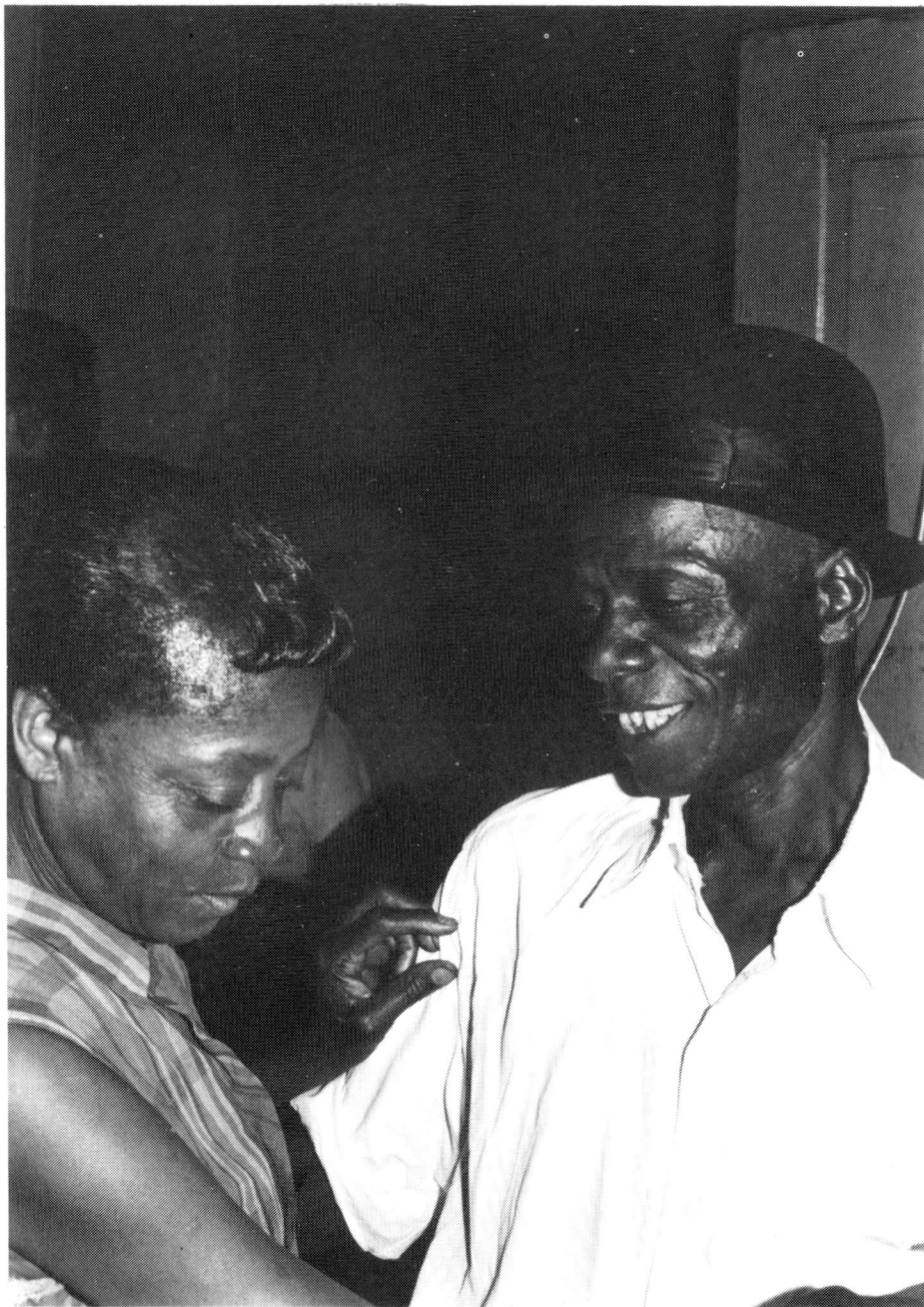

28
'Little Son' Jefferson yn
dawnsio'n ara' (*slow drag*)
gyda Juicy Fruit.

fyddwn yn teimlo'n ddigon cyfforddus â'm corff fy hun i ddawnsio o flaen pawb fel y gwnâi'r ddeuddyn yma yng nghanol cae ym Mississippi.

Fe'm hatgoffwyd o hynny gan y dawnswyr yng nghyngerdd Honeyboy Edwards yn Aberystwyth. Roedd yna ddigon o egni ganddynt yn ddi-os ond, yn anfwriadol, roeddent yn herciog ac yn afrosgo braidd. Doedd ganddynt fawr o grap ar rythm *blues* Honeyboy – cyn lleied, fel nad oedd neb yn ystod y set cyntaf yn teimlo y gallent ddawnsio i'w gerddoriaeth o gwbl. Llwyddodd yr ail set i'w cael ar eu traed; roedd hwnnw'n debycach i roc, yn bennaf oherwydd mai band gwyn oedd yn chwarae. Ond, mae'n dangos beth sy'n digwydd pan fydd ein diwylliant ni'n colli cysylltiad â chraidd y rhythm sydd yn ein cyrff. Yn ein cymdeithas ni mae dawnsio-fel-aerobics wedi disodli dawnsio fel celfyddyd.

*   *   *

Ym 1927, recordiodd Sylvester Weaver 'Chittlin Rag Blues' wedi'i gyfeilio ganddo ef ei hun a Walter Beasley ar gitarâu. Eglurir y paradocs yn y teitl – sut y gall rag fod yn *blues* – gan y ffaith fod y gân yn ceisio, gyda hiwmor, greu naws parti *blues*, ond o berspectif drannoeth y drin fel petai. Bu'r 'rag' ar nos Sadwrn, daeth y *blues* fore trannoeth. Cân sy'n ymlusgo'n ara deg yw hi, lle mae llais y canwr a llithr yr ubain trebl yn un o'r gitarâu'n cyfleu teimlad o flinder a diflastod. *Had a chittlin supper last night*, dechreua Weaver

> *I had a chittlin supper right on last Saturday night*
> *Some house rent party! it was a lowdown sight!*

Arferai partïon rhent fod yn gyffredin. Pan fyddai'r rhent yn ddyledus, byddech ambell waith yn llogi gitarydd neu bianydd, yn coginio llwyth o *chittlin* (sef rhan o berfedd mochyn a oedd yn elfen gyffredin yn ymborth tlodion y De), yn cael peth alcohol i'w werthu, ac yn taenu'r newyddion. Byddai yna dâl mynediad bychan wrth y drws. Hwyrach y câi'r canwr ei dalu â diod ac ambell gildwrn, neu efallai y derbyniai ganran o'r holl arian a gesglid. Ar ddiwedd y noson, gyda lwc, byddai gan y person a oedd wedi cynnal y parti ddigon o arian i dalu'r rhent.

Cyn bo hir, yn ôl cân Sylvester Weaver, roedd y dawnsio – *lowdown and dirty*, gan fod dawnsio hefyd yn esgus i bobl ddangos eu hunain yn rhywiol – yn ei anterth. *Old Sister Full-Hips*, meddai Weaver, *and Brother Shake-Them-All,*

Old Sister Full-Hips and old Brother Shake-Them-All
Was belly rubbin till the dew drops start to fall.

Chwarter (25c) oedd y tâl mynediad. Mae Weaver yn nodi'n ddigalon: *Before you got out, it cost about ten times more.*

Roedd y wisgi (wedi'i fragu'n anghyfreithlon ym 1927 ac yn ddi-os yn llawn pob math o amhurion) *as strong as nitroglycerine. . .*

And when you drink it, made you feel so doggone mean.

Roedd pianydd yn y parti yma – *Old Ragtime Booker played the piano so mean and blue,*

Lord, Lord! Old Ragtime Booker played the piano so mean and blue
Everybody was shakin, tryin to break their backs in two.

Ond, mae'r heddlu'n cael gwybod am y parti a phan mae yn ei anterth dyma gyrch yr heddlu'n cyrraedd. *Blew the police whistle,* meddai Weaver ar ddiwedd 'Chittlin Rag Blues' (*police* yn cael ei ynganu'n *poh-lice*), *sounded like a wildcat's wail . . .* Mae pawb yn ei heglu hi, ond

Coppers brought the wagon and took the stragglers all to gaol.

*   *   *

Fodd bynnag, er mai yfed, dawnsio a joio'n gyffredinol yw hanfodion parti *blues*, gall y naws amrywio yn ystod y noson. Bydd *bluesman* da'n sensitif i hyn ac yn gallu newid neu addasu'r naws i'w ddibenion ei hun, pan fydd pethau'n dechrau tawelu'n nes ymlaen a phobl yn fwy parod i wrando.

Yn ei lyfr *Searching for Robert Johnson* mae Peter Guralnick yn dyfynnu'r canwr Johnny Shines oedd yn cofio chwarae yng nghwmni Johnson yn St Louis yng nghanol y tridegau. Rywbryd yn ystod y noson, lansiodd Johnson i mewn i un o'i ganeuon mwyaf pŵerus, 'Come on in my Kitchen'. Cân araf ddolefus yw hi am golli cariad a bod ar eich pen eich hun, ac roedd Shines yn cofio bod Johnson wedi'i chanu gyda mwy o arddeliad nag arfer ar y noson honno. *He was playing very slowly and passionately, and when we quit, I noticed no one was saying anything. Then I realised they were crying – both women and men.*

Ceir cipolwg ar sut y gall *bluesman* newid naws y noson ar *Beware of the Dog*, y record hir olaf i'w wneud gan Hound Dog Taylor, canwr o'r Mississippi (ganed 1917) a symudodd i Chicago ac a wnaeth enw iddo'i hun yno yng nghylchoedd y *blues* ar ôl yr Ail Ryfel Byd. Casgliad yw *Beware of the Dog* o berfformiadau a recordiwyd yn fyw o flaen dwy gynulleidfa wahanol. Yng nghwmni'i grŵp, The House Rockers, sy'n ei gynnwys ef ei hun ar gitâr lithr drydan, ail gitâr a drymiau, mae'r gerddoriaeth at ei gilydd yn swnllyd iawn ac yn gyflym iawn – cerddoriaeth joio. Ond mae un gân, 'Freddie's Blues' yn wahanol. *Blues* llafar ydyw, lle mae Hound Dog yn chwarae liciau araf, myfyrgar rhwng y geiriau, wrth i'r drymiwr gynnal rhythm cyson tawel yn y cefndir.

Mae'n amlwg i'r noson fod yn hwyl ac yn swnllyd. Er mwyn canu 'Freddie's Blues', bu'n rhaid yn gyntaf i Taylor gael ei gynulleidfa yn y mŵd. *YES – we're goin to have some fun now!* mae'n gweiddi. Mae pobl yn gweiddi'n ôl o'r gynulleidfa gan chwibanu'u cymeradwyaeth. *Sho 'nough!* meddai Hound Dog, ac yna, ychwanega, *I got it. – What you got!* gwaedda dyn o'r dorf. *The b l u e s, man.* (Gweiddi a churo dwylo o'r gynulleidfa.)

Drwy'r adeg, bu Hound Dog Taylor yn teimlo'i ffordd i mewn i'r gân ar y gitâr, a'r drymiau yn ei ddilyn. *You with me?* gofynna i neb yn arbennig. (Mwy o weiddi o'r gynulleidfa. *All right!* mae rhywun yn bloeddio'n ôl.) *All right, kid?* gofynna Hound Dog. *Sho 'nough?* Yna, mewn islais mae'n lansio i mewn i linell gyntaf y gân: *You know sometimes, boys, you get settin at home alone... – My mama-told-me about-it! My-mama-told-me about-it!*, mae dyn yn bloeddio yn y dorf, ac mae pawb yn chwerthin a churo dwylo. Mae'r dyn wrth ei fodd; swnia fel pe bai wedi meddwi'n hapus braf. Ond er bod Hound Dog at ei gilydd yn ymateb yn dda i'r gynulleidfa, y tro hwn y mae'n ei hanwybyddu – mae'n canu o ddyfnderoedd ei enaid am dynerwch cariad yn wyneb tlodi a chyni. 'Freddie's Blues' yw un o'i recordiadau mwyaf cofiadwy a theimladwy.

Mae'r gynulleidfa wedi ymdawelu erbyn hyn, ac yn dod o dan swyn y gân. Mae Hound Dog yn canu drosto ef ei hun, ond gwyddant ei fod yn canu drostynt hwythau hefyd. Cân *blues* go faith yw hi. Mae pobl wedi dod ynghyd i gael hwyl ac mae'n amlwg y bu llawer iawn o yfed. Ond ar ôl y *jive* gan y dyn yn y gynulleidfa ar y cychwyn, gellwch deimlo sut mae'r naws yn newid, sut mae pawb yn gwrando'n astud. Yr unig borthi a geir yn awr yw ebychiadau o gytundeb neu edmygedd.

Diwedda 'Freddie's Blues' gyda darn offerynnol estynedig. Mae'r gitâr yn sionci'n sydyn – *Y e s! Yes! That's what she told me!* gwaedda'r dyn a fu'n jeifio ar y dechrau.

Mae'r record yn dangos i Hound Dog Taylor lwyddo i greu hwyl y noson honno – nid yn ofer y gelwid y grŵp The House Rockers. Ond, llwyddodd hefyd i gyffwrdd â chalon ei gynulleidfa. Hyd yn oed ar y record, mae'r performiad yma o 'Freddie's Blues' yn esgor ar ryw deimlad o orfoledd.

*   *   *

Mae'r *blues* yn medru cyfleu ystod eang iawn o brofiadau a theimladau, ond maent bob amser yn ochri gyda bywyd ac yn herio marwolaeth.

You may bury my body down by the highway side . . . canai Robert Johnson mewn sesiwn recordio flwyddyn cyn iddo gael ei lofruddio, *So my old evil spirit can catch a Greyhound bus and ride.*

When I die, don't have a funeral, meddai Hound Dog wrth Bruce Iglauer lawer gwaith. *Have a party.*

29

Hound Dog Taylor, Buffalo, Efrog Newydd, 1973.

Disgyddiaeth

Isod ceir detholiad byr o'r nifer anferthol o recordiau sydd wedi'u rhyddhau yn ystod y pum mlynedd ar hugain diwethaf. Yn eu plith ceir croestoriad o arddull, ardaloedd a chyfnodau yn hanes y *blues* yn ogystal â gwaith rhai o'r unigolion enwocaf. Byddai pob un o'r rhain yn hanfodol fel man cychwyn i unrhyw gasgliad. Ar adeg ysgrifennu'r llyfr hwn mae'r sefyllfa ynglŷn â recordiau, casetiau a chrynoddisgiau'n gymhleth iawn. Lle bo'n berthnasol, rhestrir manylion y tri chyfrwng isod. Y ffordd orau i gael gafael ar recordiau'r *blues*, yn aml, yw nid drwy siopau ond oddi wrth arbenigwyr archebu drwy'r post. Y gorau o'r rhain yng ngwledydd Prydain yw Red Lick Records a leolir ym Mhorthmadog. Bydd Red Lick yn cyhoeddi catalog cynhwysfawr anhepgor bob deufis. Eu cyfeiriad yw Blwch Post 3, Porthmadog, Gwynedd.

Going Away Blues 1926-1935 (Yazoo L-1018)
East Coast Blues 1926-1935 (Yazoo L-1013; CD1013; C1013)
Giants of the Country Blues vol. 2 1927-1932 (Wolf WSE 116)
Barrelhouse Blues 1927-1936 (Yazoo L-1028)
Texas Piano Styles 1929-1937 (Wolf WSE 132)
St Louis Town 1927-1932 (Yazoo L-1003; CD1003; C1003)
Tommy Johnson 1928-1930 (Wolf WSE 104; WSE 104CD)
Charley Patton: Founder of the Delta Blues (Yazoo L-1020; CD1020; C1020)
Blind Willie McTell 1927-1933: The Early Years (Yazoo L-1005; CD1005)
Blind Boy Fuller: Truckin' My Blues Away (Yazoo L-1060; CD1060; C1060)

Blind Lemon Jefferson: King of the Country Blues (Yazoo L-1069; CD1069; C1069)
Robert Johnson: The Complete Recordings (Columbia C3 46222; CD 467246-2; tape 467246-4)
Murderers' Home and Blues in the Mississippi Night (Vogue VJD 515)
Chicago Blues: The Early 1950s (Blues Classics 8)
Texas Blues vol. 1 (Arhoolie R2006)
Detroit Blues: The Early 1950s (Blues Classics 12)
Little Walter (Chess Blues Masters 2ACMB-202)
Howlin' Wolf (Chess Blues Masters 6641 538)
Elmore James and John Brim: Whose Muddy Shoes (Chess 515006)
Sonny Boy Williamson (Chess Blues Masters 2ACMB-206)
J. B. Lenoir (Chess Blues Masters 2ACMB-208)
Muddy Waters (Chess Blues Masters 2ACMB-203)

FFYNONELLAU AR GYFER RHAI O'R CANEUON A DRAFODIR

J. W. Warren, 'The Escape of Corinna', *Bad Luck Bound: Blues by J. W. Warren* (Swing Master 2113)
Vera Hall, 'Another Man Done Gone', *Blues In The Mississippi Night* (Vogue VJD 515)
'Lightning', 'Long John', *Afro-American Spirituals, Work Songs and Ballads* (Llyfrgell y Gyngres AAFS L3)
Blind Blake, 'Third Degree Blues', *Blind Blake: That Lovin' I Crave* (Whoopee 101)
Tangle-Eye, 'Tangle-Eye Blues', *Murderers' Home* (Vogue VJD 515)
Sylwer mai albwm dwbl a ryddhawyd gyda *Blues in The Mississippi Night* yw hwn.
Henry Thomas ('Ragtime Texas'), *Complete Recorded Works 1927-29* (Herwin 209)
Jesse James, 'Sweet Patuni', *Piano Blues Vol. 2. The Thirties* (Document DLP 514)
Lucille Bogan (Bessie Jackson), 'Sweet Patuni', 'They Ain't Walkin' No More', *Bessie Jackson and Walter Roland 1927-35* (Yazoo L-1017)
Henry Townsend, 'Don't Love That Woman', 'She's Got a Mean Disposition', *Henry Townsend and Henry Spaulding 1929-37* (Wolf WSE 117)
Son House, 'Preachin' the Blues', *Son House – Blind Lemon Jefferson* (Biograph BLP-12040)
Walter Price (Big Walter – The Thunderbird), 'Nothing but the Blues', *Houston Ghetto Blues* (Flyright LP 527)

Waymon 'Sloppy' Henry, 'Canned Heat Blues', *Sloppy Henry 1924-29* (Blues
    Documents BD-2063)
Negro Songs of Protest Collected by Lawrence Gellert (Rounder 4004)
Hound Dog Taylor, 'Freddie's Blues', *Beware of the Dog!* (Alligator VG 405)

Gellir clywed llawer iawn o'r atgofion gan Lee Kizart, Jasper Love a Gussie
Tobe ar *Bothered all the Time* (Southern Culture SC 1703).

LLYFRYDDIAETH

Erbyn hyn ceir nifer fawr o gyfrolau ar y blues. Detholiad cyfyngedig iawn
sydd yma o'r rhai a wnaeth yr argraff mwyaf arnaf.

David Evans, *Big Road Blues: Tradition and Creativity in the Folk Blues* (Univer-
    sity of California Press, 1982)
David Evans, *Tommy Johnson* (Studio Vista, 1971)
David Evans, 'Charley Patton, the Conscience of the Delta' yn *The Voice of the
    Delta,* gol. Robert Sacre (University of Liège Press, 1987)
William Ferris, *Blues from the Delta* (Anchor Press/Doubleday, 1978)
Giles Oakley, *The Devil's Music: A History of the Blues* (BBC, 1976)
Paul Oliver, *The Story of the Blues* (Barrie Cresset, 1969)
Paul Oliver, *Conversation with the Blues* (Cassell, 1965)
Mike Rowe, *Chicago Breakdown* (Eddison Press, 1973)
Jeff Todd Titon, *Early Downhome Blues* (University of Illinois Press, 1977)

CYLCHGRONAU

Y prif gylchgrawn blues yng ngwledydd Prydain yw *Juke Blues*. Mae'n han-
fodol i bawb sydd â diddordeb mewn *blues* cyfoes a *blues* y cyfnod ar ôl y
rhyfel yn gyffredinol. Ar gael o Flwch Post 148, Llundain W9 1DY. Un o'r cylch-
gronau gorau ar gyfer y blues cyn yr Ail Ryfel Byd yw *78 Quarterly* o America.
Y ffordd hawsaf i gael gafael ynddo yw drwy Red Lick Records (gweler y ddis-
gyddiaeth uchod am y cyfeiriad).

Jasper Love.